Les messagères d'Allah

Achmy Halley

Les messagères d'Allah

BAYARD JEUNESSE

Merci à mon ami Jean-Luc, dit « Le Révizor », premier lecteur attentif de ce livre. Ma gratitude va également à Dalil Boubakeur, recteur de l'Institut musulman de la Mosquée de Paris, à ses collaborateurs, Abdelhalim Tebbal et Rachid Ouzzani, qui m'ont fait part de leurs précieuses observations à la lecture du manuscrit.

Enfin, je tiens à exprimer ma reconnaissance à Charlotte et Anne, mes éditrices, pour leur soutien souriant et enthousiaste tout au long de ce voyage au pays de l'enfance de l'islam.

« Et c'est ainsi qu'Allah est Grand ! », comme dit si bien Alexandre Vialatte.

Illustration de couverture : Sylvain Bourrières

3, rue Bayard, 75008 Paris
ISBN : 2227 73904 5
Dépôt légal : octobre 2001

Loi 49 956 du 16 juillet 1949 sur les publications destinées à la jeunesse

À la mémoire de ma mère, l'autre Aïcha.

Ce que dit l'éditeur

« Surtout, ne te limite pas à une croyance particulière en dénigrant les autres, car tu manques beaucoup de vérités et tu ne connaîtras pas le fond des choses. Sois au plus profond de toi-même réceptif à toutes formes de croyance. Dieu est si grand et si puissant qu'on ne peut le réduire à une seule croyance. »

C'est en écho à cette injonction du philosophe Ibn Arabi (1165-1241) que nous avons choisi d'accompagner Achmy Halley dans l'évocation de la naissance de l'islam. A travers ce roman historique, une autre époque, une autre religion, une autre spiritualité, une autre culture deviennent plus familières, plus intelligibles. Lorsqu'Aïcha, la jeune veuve du Prophète, prend la parole, c'est sa façon à elle, l'une des premières musulmanes de l'histoire, de nous dire sa foi.

Aujourd'hui comme hier, nous continuons de penser que la connaissance et le savoir permettent de construire sa propre identité, de s'ouvrir au monde, et de déjouer les pièges de l'incompréhension. Ce livre devrait aider ses lecteurs à appréhender l'actualité de ce XXIe siècle, en éclairant leur regard et en éveillant leur envie d'en savoir davantage.

Ce que dit l'auteur

Le roman que vous allez lire se déroule sur le territoire de l'Arabie Saoudite actuelle, au VIIe siècle, une dizaine d'années après la mort du Prophète Mohammad (570-632), Mahomet dans la transcription française. *Les messagères d'Allah* met en scène des personnages, attestés pour la plupart par les historiens, les biographes du Prophète de l'islam et les recueils de Traditions et chroniques.

L'auteur a respecté le plus possible les actes et les paroles de Mohammad tels qu'ils nous sont parvenus à travers les siècles et la légende qui entoure la naissance de l'islam. Son rôle a été de marier la réalité historique et l'imagination.

Omérah, l'orpheline adoptée par Aïcha, la jeune veuve de Mohammad, a bien existé. Tout comme Aswad, brillant élève de « l'école coranique » d'Aïcha, ou son neveu Abdoullah. Il est également fait mention dans les chroniques historiques de Barira, l'esclave affranchie qui a vécu auprès d'Aïcha, d'Asma, la sœur de cette dernière, connue pour ses pouvoirs de guérisseuse, d'Oum Atiya, qui a combattu dans les rangs des soldats de l'islam, de la féroce Hind, connue sous le sobriquet de « mangeuse de foie »...

Le travail du romancier a consisté à leur inventer un destin entre Madinat al Rassoul, la ville du Messager, connue en France sous le nom de Médine, et La Mekke (La Mecque), premier lieu saint de l'islam.

Les messagères d'Allah

Le titre, *Les messagères d'Allah*, fait référence aux premières musulmanes qui ont propagé la mémoire de l'islam naissant, devenant à leur tour « messagères » du seul Messager de Dieu, c'est-à-dire Mohammad lui-même.

A.H.

Je préfère écrire la nuit. Quand tout le monde dort dans la maison. Tout à l'heure, le soleil a disparu derrière les palmiers. Les marchands ont fermé leurs échoppes pour aller prier. Le forgeron a fait mourir le feu. Le porteur d'eau et le poseur de ventouses ont retrouvé leur gourbi. Les paysans rentrent des champs. Je m'installe sur notre petite terrasse. Au loin les chiens aboient contre l'obscurité. Seule, assise sur un beau tapis bleu, j'égrène mon chapelet en murmurant les quatre-vingt-dix-neuf noms d'Allah : le Très Saint, le Très Haut, le Protecteur, le Témoin, le Vigilant, le Vainqueur, le Dominateur…

Je lève les yeux vers le ciel brodé d'étoiles. À cette heure, la ville est endormie. Au moment de commencer à écrire, j'ai encore dans les oreilles le souvenir de la voix puissante du *muezzin* appelant les fidèles à la prière. Dans la pénombre, le haut mur de la mosquée qui jouxte notre maison ressemble à un immense voile blanc sur lequel j'inscris mon histoire. Après avoir soigneusement taillé mon calame en roseau, je trempe sa pointe dans l'encre verte. Puis je trace lentement les mots qui ouvrent chacun de mes récits : Aïcha a dit…

1

Mon nom est Omérah binte Abdour Rahmâne. Mais on m'appelle Omérah l'Ansârite. Mon père a été l'un des premiers Bédouins de ce noble clan à se convertir à l'islam. Je ne l'ai pas connu. Il est mort peu avant ma naissance au cours d'un voyage au Yémen. Je ne me souviens pas non plus de ma mère. Elle a succombé à la terrible fièvre qui a décimé notre tribu en 630 de l'ère chrétienne, l'année de ma naissance. Deux ans avant la mort de notre Guide Mohammad – qu'Allah lui accorde la paix éternelle.

J'ai été recueillie par ma tante Zohra et son mari Mahmoud. Mes cousins, Fatima, Djaffar et Nasreddine, m'ont toujours considérée comme leur sœur. Nous vivions tous les six dans une minuscule cabane en roseaux et en terre séchée. Bien souvent, nous nous endormions le ventre vide, rêvant aux délices qui nous attendaient au Paradis d'Allah. Quand j'ai eu sept ans ma chère tante m'a conduite à Madinat al Rassoul, la ville du Messager de Dieu, le Prophète Mohammad – qu'Allah lui accorde la paix éternelle. Elle avait entendu dire que la bonne Aïcha, sa veuve, recueillait les orphelins et les miséreux. Avant de partir, ma tante m'a expliqué qu'elle allait me confier à la plus noble des femmes, Aïcha la Véridique, épouse chérie du Messager de Dieu et Mère de tous les croyants. On racontait dans nos campagnes que depuis la mort de son Saint Époux, elle se consacrait à l'éducation des enfants les plus démunis. Que jour après jour, elle les guidait dans la voie tracée par le Prophète de l'islam.

Je me souviens du jour où je suis arrivée dans la maison de celle qui est aujourd'hui ma mère. Cela fait presque sept ans que je vis auprès d'elle. Pourtant mon souvenir est intact. Je garde en mémoire les pleurs de mes cousins le jour de mon départ. Je revois la jolie robe blanche brodée d'arabesques rouges que m'avait confectionnée ma tante pour le voyage. J'entends encore les recommandations de nos voisins. Chacun avait tenu à nous remettre un cadeau destiné à la Mère des croyants.

J'ai trottiné à dos d'âne une journée entière avec ma tante Zohra et mon cousin Djaffar. C'est lui qui guide ma petite monture. Nous faisons plusieurs haltes en route pour ne pas mourir de soif et de chaud. À chaque étape, les gens nous offrent de l'eau fraîche et du pain, et nous invitent à nous reposer sous leur toit. Chaque famille nous charge de nouveaux présents. Plus nous approchons de

Madinat al Rassoul, plus notre âne peine sous les sacs de semoule, les fruits et les poteries destinés à Aïcha. Épuisés, nous atteignons l'entrée de la ville au coucher du soleil. Un porteur d'eau nous indique la direction de la maison de la Mère des croyants. Avant de nous présenter à sa porte, nous nous lavons dans le bassin de la mosquée destiné aux ablutions rituelles.

Barira, la vieille servante, vient à notre rencontre. Pendant que ma tante dépose à ses pieds nos sacs remplis de cadeaux en lui expliquant le but de notre visite, je contemple l'imposante mosquée aux murs blancs. La vieille femme, dont la peau a la couleur d'une datte, me prend par la main. Elle nous conduit à l'intérieur de la maison.

– Ne faites pas de bruit, souffle-t-elle. Aïcha se repose dans la pièce à côté.

Je suis immédiatement conquise par la douceur de Barira, par les petites rides qui traversent son visage cuivré. Tandis qu'elle parle avec ma tante, j'observe ses yeux rieurs qui me regardent avec curiosité. Ses mains aux paumes claires caressent mes boucles brunes en répétant à ma tante : « Quelle belle créature d'Allah ! »

Après nous avoir offert de l'eau fraîche, un morceau de galette et quelques figues, elle installe, dans un coin de la cuisine, une paillasse. Serrée contre ma tante pour la dernière fois, je m'endors la tête pleine de questions. Sans bien me rendre compte que cette nuit ma vie va changer.

Le lendemain, Aïcha nous reçoit dans sa chambre. Elle est assise en tailleur sur un tapis de prière de laine verte. Je ne l'imaginais pas aussi jeune. Elle n'a que vingt-trois ans, m'a dit ma tante, et elle est déjà la Mère de tous les croyants ! Quelle sainte femme ! Elle pose des questions sur notre tribu, le métier de mon oncle Mahmoud, le nombre et l'âge de mes cousins. Je n'ose pas encore regarder son visage. Je fixe ses doigts fins, qui égrènent un chapelet de perles noires scintillant dans la lumière. Je n'en ai jamais vu d'aussi beau. Par moments, tout en écoutant ma tante qui l'implore de me garder à ses côtés, je sens le regard d'Aïcha se poser sur moi. Je baisse alors la tête, intimidée par ses beaux yeux verts. Mais je suis sûre qu'elle va m'accepter.

2

Pendant plusieurs jours, je pleure en pensant à ma tante et à mon cousin Djaffar, repartis sans moi dans l'oasis où je suis née. Je ne dis pas un mot. Assise sur un petit banc, j'observe tout ce qui se passe autour de moi. J'essaie de comprendre la manière de vivre d'Aïcha et de Barira, qui vont désormais s'occuper de moi. Chacune semble avoir un rôle bien précis. La vieille femme au visage rond règne sur la cour et la cuisine. Elle est souvent entourée de jeunes filles et de gamins, qui puisent l'eau du puits, font sécher la viande au soleil et ramassent le bois pour le feu. La belle dame aux cheveux rouges reçoit beaucoup de visites, fait la classe et reste de longues heures dans sa chambre pour prier. Tous les jours, elle rend visite à la noble Hafsa, la fille du calife Omar. C'est sa seule véritable amie parmi les autres veuves du Prophète, qui, comme nous, vivent dans leurs petites maisons autour de la mosquée. La nôtre comprend trois pièces : la chambre d'Aïcha, la salle commune sous laquelle repose Mohammad – qu'Allah lui accorde la paix éternelle – et la petite cuisine, où règne l'énergique Barira.

Les premiers jours, je ne m'éloigne pas d'elle. Quand elle voit mes yeux noirs se voiler de tristesse, elle me raconte des histoires pleines d'animaux fabuleux pour me changer les idées. Elle me régale de fruits, de lait au miel et m'envoie jouer dans la cour, avec les petits élèves de sa maîtresse. Parfois, je m'endors contre sa grosse poitrine, bercée par les mélopées de son pays qu'elle chantonne.

– Moi non plus, je ne suis pas de cette terre, Omérah. Je viens d'Abyssinie, le royaume du Très Chrétien Négus. Comme toi, j'ai trouvé refuge à Madinat al Rassoul. Plaise à Dieu que tu y sois aussi heureuse que moi, répète-t-elle pour me consoler.

Peu à peu, je commence à me sentir chez moi dans la maison de la Mère des croyants. Quelquefois, après la prière du soir, je vais la rejoindre dans sa chambre. Tout en me frictionnant les mains avec des huiles parfumées, elle me questionne sur ma vie dans l'oasis de mon enfance. Elle veut tout savoir : les jeux préférés de mes cousins, le clan auquel appartient la famille de mon oncle, les coutumes de ma tribu… À sept ans, j'ai déjà l'esprit vif et la parole facile. Je lui raconte tout dans les moindres détails. Parfois, elle rit de mes petites histoires.

Mais ce que je préfère, c'est quand elle évoque ses souvenirs. J'ouvre toutes grandes mes oreilles pour ne pas perdre une seule parole de l'épouse préférée du Prophète. Les yeux mi-clos, ma tête contre ses genoux, je l'écoute. Jusqu'à ce que la fatigue alourdisse mes paupières, et que Barira m'emporte dans ses bras pour me coucher.

Aïcha a dit…

Khadija, la première épouse du Prophète, a été la première femme à se convertir à l'islam. Mais c'est mon père, le noble Abou Bakr, le plus intime compagnon de Mohammad – qu'Allah lui accorde la paix éternelle – qui eut le privilège d'être le premier homme à embrasser notre religion. À cette époque mon père était un riche marchand. À La Mekke, il était respecté de tous.

Tous les jours, il se rendait sur la place de la Kaaba, le temple sacré de La Mekke, pour pala-

brer avec ses amis. Mohammad – qu'Allah lui accorde la paix éternelle – se joignait à eux parfois. C'est là qu'est née leur grande amitié. Souvent, ils prolongeaient leurs conversations enflammées dans la maison de l'un ou de l'autre.

Mon père avait remarqué que son ami ne se prosternait pas devant les idoles de pierre couvertes de tissus multicolores qu'on installait les jours de fête sur la place du sanctuaire. Intrigué, il désirait connaître la raison de son attitude.

– Ô sage Mohammad, pourquoi ne courbes-tu pas l'échine devant les trois cent soixante idoles qu'adoraient nos dignes ancêtres ? le questionna-t-il un jour.

– Comment pourrais-je adorer ces pantins ridicules, nés de la main de l'homme, qui ne peuvent me faire ni bien ni mal, alors que je sais que c'est Dieu qui m'a créé tel que je suis ? C'est donc à Lui que je dois me soumettre.

Telle a été sa réponse.

Fasciné, mon père voulut en savoir plus sur ce Dieu unique qui a créé les océans et les déserts. Quelque temps plus tard, il demanda à son ami des détails sur ce Dieu miséricordieux qui illuminait son être entier. Mon futur époux lui avoua alors qu'un ange lui était apparu :

– Dieu a choisi Djebraïl, l'archange Gabriel, comme messager. Il m'a chargé de convaincre les hommes et les femmes de mon peuple de se soumettre à Allah et d'abandonner le culte impie des idoles.

– Ô mon ami, je veux être le premier homme à répondre à ton appel, s'écria mon père. Fais de moi le premier croyant de ta nouvelle religion.

Aussitôt le Prophète l'invita à répéter la formule rituelle qui fit de lui le premier musulman : « Il n'y a pas d'autre Dieu qu'Allah, et Mohammad est son Messager. »

3

Très vite, je comprends que la vénérable Aïcha prend beaucoup de plaisir à me raconter ses souvenirs. Émerveillée, je bois ses paroles et la questionne constamment pour en savoir toujours plus. Elle m'a dit un jour qu'il lui semblait retrouver en moi la petite fille espiègle et curieuse qu'elle était quand elle a connu l'Envoyé de Dieu. À mesure qu'elle m'en parle, Mohammad – qu'Allah lui accorde la paix éternelle – me devient plus proche. Parfois j'imagine même que je l'ai rencontré.

Les récits de son épouse préférée, les petits détails glanés lors des discussions autour du feu avec Barira, tous les objets de cette maison où je vis désormais témoignent de sa présence. C'est sur le tapis vert qu'il utilisait pour prier que je m'assois chaque soir pour écouter Aïcha. C'est dans le pot en terre dans lequel il aimait boire l'eau fraîche du puits que Barira me sert le lait de chamelle dont je raffole. Presque rien n'a changé dans la chambre d'Aïcha depuis que Mohammad – qu'Allah lui accorde la paix éternelle – nous a quittés, il y a dix ans à peine. Elle a tenu à conserver telle qu'il l'a laissée la maison où il a vécu, où il est mort et où il est enterré.

Lorsque Aïcha est occupée, je me réfugie dans la cuisine avec Barira. Je l'aide à laver les légumes ou à passer la farine d'orge au tamis, comme je l'ai vu faire autrefois par ma tante Zohra. Pendant que nous travaillons près du feu où le pain cuit dans la cendre, la vieille servante me raconte des histoires du temps du Prophète. Elle l'a très bien connu et l'a fidèlement servi jusqu'à sa mort. À dix ans, elle a été vendue à un caravanier arabe. Esclave sans droit ni tendresse, elle travaillait dur pour une puissante famille de La Mekke. C'est un serviteur de son maître qui lui a parlé pour la première fois d'un nouveau prophète aux paroles graves et véridiques.

Grâce aux descriptions de Barira, je peux me faire une idée précise du physique du Messager d'Allah. Il était de taille moyenne et de noble prestance. Son teint clair et rosé contrastait avec ses immenses yeux noirs et sa longue chevelure de la même couleur. Elle tombait sur ses épaules quand il ne portait pas un turban vert, sa couleur préférée. Sa barbe soulignait l'arrondi de son visage. Son nez était aussi droit que son âme. Ceux qui ont touché ses mains disent que ses paumes étaient aussi douces que de la soie. Barira m'a avoué qu'elle aimait particulièrement le voir rire avec ses femmes. On apercevait alors ses dents écartées.

Je tâche de me rendre utile auprès de la Mère des croyants qui travaille sans répit pour le bien des plus pauvres. Toute la journée, elle est accaparée par ses devoirs auprès du peuple de notre ville. Les mères viennent lui demander conseil dans les affaires de famille et de religion. Les savants professeurs des écoles coraniques les plus réputées lui posent mille questions sur l'interprétation d'une formule du Prophète ou d'un obscur verset du Coran, le recueil des paroles d'Allah transmises aux hommes par l'intermédiaire de son Messager. Les jeunes filles, prêtes pour le mariage, désirent qu'elle leur enseigne l'art d'être une bonne épouse musulmane.

Tous la respectent parce qu'elle a été l'épouse préférée de Mohammad – qu'Allah lui accorde la paix éternelle. On la vénère aussi pour la droiture de son esprit, son cœur d'or et ses connaissances sans faille des règles de notre religion. Comme toutes les épouses du Messager de Dieu, elle a droit au titre de Mère des croyants, qu'elle porte avec noblesse. On l'appelle également Aïcha la Véridique parce qu'elle dit toujours la vérité. Et je crois que c'est le titre dont elle est la plus fière.

Aïcha a dit…

J'avais sept ans quand j'ai vu le Prophète pour la première fois. Lui devait en avoir quarante-sept. Nous vivions encore à La Mekke. En ce temps-là, ceux qui croyaient en Allah devaient se cacher pour prier. Il fallait déployer mille ruses pour ne pas être surpris par les espions d'Abou Sofiane et d'Abou Jahl, les deux chefs de la ville. Ils étaient les plus terribles ennemis de l'islam naissant. Rejeté par sa famille, le Messager de Dieu venait se réfugier dans notre maison. Il passait de longues heures avec mon père. Ils discu-

taient des affaires de la cité et de l'avenir incertain de l'islam.

Souvent, je restais près d'eux dans notre jardin. Je les écoutais réciter les premières Révélations, qu'ils psalmodiaient à mi-voix, de peur que les voisins n'entendent. Peu à peu, sans bien comprendre le sens de ces paroles célestes, je les sus par cœur, au grand étonnement du Prophète. Il ne cessait de complimenter mes parents pour la vivacité de mon esprit et ma mémoire exceptionnelle.

Pour me récompenser, il m'offrait tantôt une galette au miel, tantôt un petit collier de perles qu'il tirait de sa manche comme un magicien. Quelquefois, il me poussait sur ma balançoire, il jouait avec moi à la poupée et me posait des devinettes, ce qui faisait sourire ses compagnons. Ils ne comprenaient pas que leur guide spirituel perde son temps avec une gamine qui ne pense qu'à rire et à se gaver de sucreries.

Il me racontait les belles fables que colportent les bergers bédouins. Il se souvenait du temps où lui-même convoyait à travers le désert les chameaux lourdement chargés de sa première épouse, la sainte Khadija. Il me décrivait les étoiles qui brillent sur la toile sombre des cieux, telles les perles qui poussent dans la verte prairie du Paradis. Il aimait également que je lui raconte des histoires. Il me disait alors :

– Parle, petite rousse !

J'avais ton âge, Omérah, quand Djebraïl, l'ange Gabriel, a annoncé à l'Envoyé d'Allah qu'il devait me prendre pour épouse. Après la mort de sa première femme, la riche Khadija, qui vit désormais au Paradis, dans une somptueuse demeure de perles, mon image est apparue, trois nuits de suite, dans les rêves de Mohammad – qu'Allah lui accorde la paix éternelle.

J'étais habillée d'une simple robe blanche, pareille à celle que tu avais quand tu es arrivée dans notre maison. Le Prophète me portait sur ses puissantes épaules.

Par trois fois, Djebraïl lui a dit : « Tiens, voilà ta femme ! »

C'est donc Allah lui-même qui m'a choisie pour accompagner l'Annonciateur tout au long de sa vie.

4

Je ne savais ni lire ni écrire quand, à sept ans, je suis venue vivre auprès d'Aïcha. Dans le village où j'ai passé les premières années de ma vie, nul ne connaît l'art de manier le calame, ni celui de deviner derrière une ligne soigneusement tracée de droite à gauche le sens d'une sage parole venue du Ciel. Mon oncle Mahmoud, qui est forgeron, m'a seulement appris à compter avec des clous. « C'est tout ce qu'a besoin de connaître une femme pour ne pas se faire berner au marché », aimait-il répéter à ma tante Zohra.

Aïcha n'est pas de cet avis. Le Prophète n'encourageait-il pas filles et garçons à apprendre à lire et à écrire ? Car Allah aime la connaissance qui libère les hommes des ténèbres. La Mère des croyants a remarqué que j'observe la main agile du vieux scribe qui vient lui rendre visite une fois par semaine. Assise auprès d'elle, je tâche de deviner le lien qui existe entre les paroles qu'elle prononce et les arabesques que trace l'ancien secrétaire de Mohammad – qu'Allah lui accorde la paix éternelle. Je fixe les mots qui coulent de la pointe de son calame. À mon regard attentif, ma mère comprend ma soif d'apprendre. Elle sait que je suis avide de déchiffrer les saintes paroles d'Allah dont elle est la gardienne suprême.

C'est grâce à elle si je sais lire. Chaque matin, alors que la ville dort encore, nous montons sur notre petite terrasse. Là, elle me fait répéter des dizaines de fois des versets du Saint

Coran, que je finis par connaître par cœur. Il suffit qu'elle prononce les premiers mots d'une sourate pour que, aussitôt, je récite la suite. En adoptant la cadence chantante des poètes, je psalmodie des mots dont je ne comprends pas toujours le sens :

« Si tous les arbres de la terre étaient des calames,
Si tous les océans étaient de l'encre,
Ils ne suffiraient pas pour transcrire toutes les paroles d'Allah… »

Elle me pose des questions pour vérifier si je connais la signification des sentences qu'elle grave jour après jour dans mon âme. Quand j'ignore le sens d'un mot ou d'une expression, elle me l'explique en piochant un exemple édifiant dans l'existence et l'œuvre de Mohammad – qu'Allah lui accorde la paix éternelle.

Je me souviens du jour où je suis parvenue à lire une phrase complète. Il s'agissait de la profession de foi que doit faire chaque musulman pour proclamer sa soumission à Dieu. Elle était joliment calligraphiée sur une omoplate de chameau que la Mère des croyants garde toujours près de son lit :

« Il n'y a pas d'autre Dieu qu'Allah, et Mohammad est son Messager ! »

C'est le vénérable Mohamed ibn Maslama qui m'a enseigné l'écriture. Il a été jadis un des secrétaires les plus dévoués du Messager d'Allah. Tous les jours, je me rends avec Barira chez le vieil homme à la barbe blanche comme une colombe. Il habite une maisonnette située de l'autre côté du souk. Nous nous installons dans le jardin. De la rue nous parviennent les voix des marchands qui vantent le goût des pastèques juteuses, du miel aussi doux que le chant du rossignol ou la beauté des étoffes délicates venues de pays aussi lointains que la lune et le soleil.

Je m'assois sur un petit banc à côté de mon maître. Sans oser ouvrir la bouche, je le regarde tailler soigneusement son calame et le tremper dans l'encrier. Il écrit avec la pointe aiguisée du frêle bout de roseau qu'il tient fermement entre ses gros doigts noueux. Sa main semble flotter au-dessus de la peau de mouton tendue sur l'écritoire. Il trace de grosses et belles lettres, qu'il me faut imiter. La plupart du temps, Mohamed ibn Maslama reste silencieux. Barira, aussi fascinée que moi par l'agilité du savant, ne peut détacher ses yeux de la pointe du calame qui danse majestueusement sur la feuille. Peu à peu, celle-ci se couvre d'arabesques magiques que la vieille femme ne sait pas déchiffrer. Alors, prenant ma main entre ses doigts, mon maître accompagne mon geste. Je m'applique à ne pas faire de taches pour ne pas le décevoir.

Chaque semaine, Mohamed ibn Maslama rend compte à Aïcha de mes progrès. Au bout de quelques mois, il lui annonce que ses leçons d'écriture sont désormais inutiles :

– Les talents de calligraphe de ta fille, ô Aïcha la Véridique, égalent ceux de son maître. Je peux désormais prendre ma retraite.

À dix ans, j'ai donc interrompu mes leçons quotidiennes avec un maître généreux jusque dans ses silences. Je garderai toujours en mémoire l'image des belles mains de Mohamed ibn Maslama qui ont guidé les premiers mots tracés à la pointe de mon calame. Le vieux sage est mort quelques semaines après la fin de nos leçons particulières.

Aïcha a dit…

J'ai épousé le Prophète à l'âge de dix ans, quelques mois après notre installation à Madinat al Rassoul. J'ai alors quitté la maison de mon père pour emménager, avec mes poupées chéries, dans mon propre foyer. De l'autre côté de la cour de la mosquée vivait Sadwa, l'autre épouse du Prophète. Désormais, je voyais mon Époux tous les jours. Il prenait souvent ses repas avec mon père, son plus proche conseiller. Comme autrefois, je ne me lassais pas de les écouter parler des problèmes de notre communauté, des réformes à mettre en place...

Constamment, je posais des questions, glissais des suggestions, proposais mon aide pour secourir les nécessiteux. Mon père, agacé par mes bavardages enfantins, me faisait taire pour que je n'ennuie pas le Prophète. Lui, au contraire, m'encourageait à donner mon avis. Parfois même il tenait compte de mes remarques. Ce qui poussait ma chère mère à dire que je le menais par le bout du nez.

Quand nous étions seuls, nous bavardions librement. Il me confiait ses soucis et voulait avoir mon sentiment sur ma nouvelle vie. Je lui dé-

taillais l'emploi du temps de ma journée et l'amusais en lui répétant les petites histoires que se racontent les femmes autour du puits.

Lorsqu'il se reposait dans la cour, adossé au mur de ma chambre, il passait sa tête à travers le rideau qui masque l'entrée. Je coiffais ses longs cheveux en les enduisant de musc, son parfum préféré. Il s'endormait ainsi, psalmodiant des versets qui venaient de lui être révélés. Je ne pouvais rêver bonheur plus doux que d'être le témoin des Révélations du Prophète.

Il nous arrivait de passer la nuit ensemble à réciter le Coran. Pendant les derniers jours du jeûne, quand il se retirait dans la mosquée pour sa traditionnelle retraite, je le rejoignais parfois pour prier avec lui. On installait une petite tente dans laquelle je faisais mes prières à proximité de mon cher Époux. Dans ces moments d'intimité spirituelle, il me semble qu'Allah nous enveloppait d'un voile de lumière.

À mesure que le nombre des épouses du Prophète augmentait, on construisait de nouvelles maisonnettes autour de la mosquée. Il fallut instaurer un tour de rôle. Chaque soir, notre Époux se rendait chez l'une d'entre nous. L'heureuse élue passait la journée à se parer et à mijoter ses plats préférés. Certaines étaient jalouses, car le Prophète marquait une nette préférence pour moi. N'étais-je pas la seule vierge qu'il avait épousée ? Seule mon amie Hafsa, dont la beauté n'a d'égale que la bonté, acceptait avec le sourire la complicité qui m'unissait au Prophète. Parmi les épouses plus âgées, Sadwa était la plus compréhensive. Souvent, elle me laissait son tour. Pour cette femme édentée aux rides profondes mais au sourire malicieux, seul comptait le fait d'être l'une des dix épouses de l'Envoyé de Dieu.

5

Dès que j'ai su écrire, j'ai pu rendre de grands services à ma chère mère. Désormais, c'est moi qui rédige ses messages, note ce qu'elle ne veut pas oublier. Comme je prends mon rôle de scribe très au sérieux, elle m'a demandé d'être sa secrétaire particulière, titre dont je suis très fière. Tous les jours, je m'applique à retranscrire fidèlement ce qu'elle me dicte. Je ne veux surtout pas laisser une faute d'orthographe ou la moindre incorrection dans un document officiel signé Aïcha La Véridique, Mère des croyants.

À présent, je ne la quitte presque plus. Je n'ai plus le temps d'aider Barira à la cuisine. Je me lève avant le chant du coq pour la première prière, que je fais en compagnie d'Aïcha. Ensuite, je consacre une heure ou deux à l'étude du Coran, dont je répète les versets à mi-voix des dizaines de fois pour bien m'imprégner de la Parole d'Allah. Un peu plus tard, avant que la maison ne se remplisse de visiteurs, je rejoins Aïcha et Barira pour organiser l'aide aux orphelins et aux familles dans le besoin. Après la seconde prière du jour, c'est l'heure de la classe. Je m'installe alors à côté de la Mère des croyants pour l'assister. Je note tout ce qu'elle dit. L'après-midi est consacré au courrier et à la visite des malades. Le soir, Aïcha se retire dans sa chambre pour prier. Elle m'appelle parfois pour que je lui tienne compagnie. Barira se joint à nous quand elle a terminé de ranger la cuisine. Lorsqu'il fait trop chaud à l'intérieur, nous montons prendre le frais sur la terrasse. Et, de nouveau, le flot des souvenirs de la Mère des croyants coule de ses lèvres…

Aïcha a dit…

Autrefois, bien avant ta naissance, Omérah, notre ville se nommait Yathrib. Elle a pris le nom de Madinat al Rassoul, la ville du Messager, quand l'Envoyé d'Allah et les premiers musulmans sont venus s'y installer. C'était pendant l'été de l'an 622 du calendrier chrétien, que nous appelons désormais l'année de l'Hégire pour marquer notre émigration vers Madinat al Rassoul. Tu sais que nous avons dû fuir La Mekke, où nos vies étaient menacées.

Lorsque le Prophète, mon père et quelques compagnons sont arrivés aux portes de la ville, les habitants de Yathrib les ont accueillis chaleureusement. Les gens se pressaient autour de la monture du Messager pour toucher un pan de son manteau ou lui baiser la main. La modeste caravane entra dans la ville au son du tambour du désert et des joyeux youyous des femmes parées de robes et de rubans étincelants. Les chefs de tribus lui offrirent symboliquement les clés de la ville et du pouvoir.

Tu l'ignores sans doute, Omérah, mais c'est Qaswâ, la chamelle à l'oreille coupée du Messager de Dieu, qui a choisi l'emplacement de la première mosquée de l'islam. Arrivé à l'entrée de la ville, le Prophète lâcha les rênes de sa capricieuse chamelle en déclarant :

– Ne gênez pas sa marche. Elle nous conduira à l'endroit où Allah a décidé que je construise ma maison et celle de Dieu.

En effet, après quelques pas à droite, puis à gauche, un petit demi-tour, Qaswâ s'immobilisa à l'orée d'un champ où l'on avait coutume de faire sécher les récoltes de dattes. Aussitôt, le Prophète l'acheta. Dès le lendemain, Mohammad – qu'Allah lui accorde la paix éternelle – et ses fidèles compagnons se mirent au travail.

Notre arrivée à Madinat al Rassoul a été saluée par des cris de joie et des cadeaux. Mais les mois qui ont suivi notre installation ont été difficiles. Rapidement, les tensions entre les émigrants que nous étions et la population de l'oasis sont devenues insupportables. Imagine, Omérah, une centaine de nouveaux arrivants, pauvres pour la plupart, qu'il faut nourrir, loger, soigner après un voyage épuisant. Tous les jours avec Sadwa, l'autre épouse du Prophète, nous préparions de la soupe pour nos frères et sœurs sans ressources.

Dans la rue, les habitants de Yathrib se sont mis à nous traiter de « voleurs de pain » et d'« envahisseurs mekkois ». Mon Époux a dû faire preuve de beaucoup de diplomatie pour calmer les esprits. Avec mon père et ses compagnons les plus proches, il a instauré de nouvelles règles de vie, des lois valables pour tous afin qu'immi-

grants et Médinois de souche ne forment qu'une seule et même communauté de croyants, la oumma, *une grande famille soumise volontairement à la Loi d'Allah.*

Le Chef de l'État islamique naissant a également rencontré les chefs des communautés juive et chrétienne qui vivaient dans l'oasis. Il les a rassurés en leur expliquant qu'ils pouvaient continuer à pratiquer leur culte en toute liberté. Les prophètes Moïse et Jésus ne sont-ils pas frères de Mohammad – qu'Allah lui accorde la paix éternelle ?

6

Avant la classe, l'esplanade de la mosquée se transforme parfois en champ de bataille.

Les enfants se poursuivent dans la poussière. Ils brandissent d'imaginaires lances et des cimeterres en branche de figuier. Ils poussent des cris vengeurs : « Mort aux hérétiques ! Allah vaincra les impies !... » Imitant le galop souple du chameau, les combattants de Dieu repoussent les ennemis du Prophète. Près du puits, trois fillettes parées de rubans multicolores miment les gestes des femmes qui tentent d'humilier le mâle ennemi. Elles encouragent leurs champions par leurs roucoulements joyeux. Elles déversent sur l'adversaire une pluie de cris de honte et d'affreuses insultes.

– Allah est avec nous, il envoie mille soldats volants pour vous exterminer, ô infidèles éloignés de la Voie Céleste, hurle un garçon au crâne rasé, mangé par les mouches.

– Vous périrez tous, bande de traîtres à votre clan ! Vous êtes la honte de vos ancêtres, lui répond un gamin, projetant une poignée de sable pour aveugler le camp adverse.

Sur le seuil de la maison, Aïcha rit de leur jeu :

– Tu vois, Omérah, comme ces enfants s'amusent en rejouant les glorieuses batailles de mon Époux.

– Au début du jeu, il se sont disputés pour savoir qui aurait l'honneur d'interpréter les nobles combattants d'Allah !

– Je sais. C'est une honte pour un enfant de devoir se glisser dans le rôle d'un méchant soldat au service de La Mekke. J'ai un sujet tout trouvé pour ce matin, ajoute la Mère des croyants.

Les enfants s'installent sur des nattes déroulées sur le sol. Quelques mères portant un nourrisson sur leur dos et des vieilles femmes se joignent à eux. Les hommes demeurent à l'extérieur, près de l'entrée où un rideau de toile verte danse au gré du vent.

Quand la Mère des croyants s'assoit à son tour sur son tapis, les enfants la saluent d'un sonore : « Paix sur toi et ta maison, ô notre Mère à tous ! » Quelques femmes viennent lui baiser la main. D'autres déposent à ses pieds un couffin rempli de beaux fruits ou une cruche de lait de chamelle.

Puis Aïcha la Véridique ferme les yeux, comme elle aime le faire pour commencer une histoire. Chacun retient sa respiration. Peu à peu, les derniers murmures s'évanouissent. Même les mouches, comme suspendues au plafond par un fil invisible, semblent attendre que la Mère des croyants prenne la parole :

– Comme les autres épouses du Prophète, j'ai participé à plusieurs expéditions militaires aux côtés de mon Saint Époux, dit-elle enfin.

Seul le crissement de mon calame qui trace de minuscules lettres sur une feuille de palmier séchée accompagne sa voix :

– Je revois Mohammad – qu'Allah lui accorde la paix éternelle – monté sur un magnifique pur-sang. Protégé par son casque et sa cotte de mailles, posté à proximité de sa tente sur laquelle flotte la bannière verte de l'islam, le Combattant suprême encourage ses hommes. De chaque côté du champ de bataille, les femmes des deux camps assistent au combat sur leurs chameaux richement harnachés aux couleurs de la victoire. Avant le début des hostilités, elles écrasent sous leurs insultes le fourbe ennemi qui va verser le sang de la honte. Les femmes des combattants mekkois sont les plus hystériques. Elles s'époumonent pour soutenir leurs époux, frères ou pères :

« Nous voilà, nous, les filles de l'étoile du matin,
Nous foulons sous nos pieds de soyeux coussins.
Nos gorges sont parées de perles étincelantes,
Nos chevelures sont parfumées au jasmin.

Si vous vous battez avec courage,
Nous vous embrasserons tendrement ;
Mais si vous reculez devant l'ennemi,
Vous n'aurez pas droit aux tendres baisers ! »

– Ces Mekkoises étaient de vraies chiennes sans foi ni loi ! lance une ancienne au visage tatoué à la mode bédouine.

– Dans le camp des Qouraïchites, la belle Hind est la plus féroce, reprend Aïcha. Couverte de lourds bijoux, l'épouse d'Abou Sofiane mène la troupe hurlante des femmes. Poétesse habile à manier les mots qui blessent l'adversaire, elle déverse sur nos combattants des flots de vers lubriques et grossiers. Elle a promis de manger le foie du valeureux Hamza, le Lion de l'islam, qui a tué son père, son frère et son oncle à la bataille de Badr.

– Je comprends pourquoi ma mère me traite de « mangeuse de foie » quand je fais une bêtise ! lâche la petite Myriam, qui a du mal à tenir en place.

Les enfants éclatent de rire. Aïcha aussi :

– Mangeuse de foie… C'est, en effet, le surnom qu'on a donné à Hind après son affreux méfait. Car elle a tenu sa promesse. C'était en l'an 3 de l'Hégire, à la bataille de Ouhoud. Hind avait chargé un de ses esclaves de transpercer le cœur de son ennemi personnel avec son javelot. Lorsque Hamza rendit l'âme, elle se jeta sur son cadavre encore palpitant. De ses ongles de hyène, elle lui ouvrit la poitrine, arracha son foie sanglant qu'elle brandit comme un trophée. Puis elle y planta ses dents sans parvenir à l'avaler. En hurlant, telles des bêtes échappées de l'enfer, les autres femmes mekkoises se jetèrent à leur tour sur les corps de nos martyrs. Elles leur arrachèrent le nez et les oreilles, dont elles se firent d'horribles colliers sanguinolents…

Tandis qu'Aïcha raconte les épisodes guerriers qui ont marqué la naissance de notre religion, je vois défiler dans les yeux des enfants aux visages attentifs mille et une images hallucinantes : les cavalcades enfiévrées, les lances qui vibrent dans l'air pesant et la poussière, les vautours qui planent dans le ciel de feu en attendant l'heure de la curée, les hommes qui tombent en criant : « Allah Akbar ! Dieu est grand ! », ceux qui défont leur cotte de mailles et se laissent transpercer par les perfides sabres mekkois pour atteindre le plus tôt possible le Paradis des Martyrs de l'islam, les garçons et les filles dansant au son du tambourin dans les rues de Madinat al Rassoul pour accueillir dignement les vainqueurs, les refrains des poètes qui glorifient le courage de nos soldats :

« Nous, les combattants d'Allah, nous n'avons pas
honte de tuer.
Nous n'avons pas peur des lances des impies,
Nous coupons la tête des orgueilleux… »

Au premier rang, Walid, le fils du porteur d'eau, demande la parole.

– Pose ta question, mon fils ! l'encourage Aïcha la Véridique.

– Tu parles des courageux compagnons du Prophète, du sang versé pour l'islam, des larmes des femmes devenues veuves ou orphelines… Mais l'Annonciateur de Dieu n'aimait-il pas avant tout la paix des cœurs ? N'a-t-il pas dit qu'un islam conquis par la douceur a plus de valeur qu'un islam gagné par l'épée ?

– Tu as raison. Je comprends ton trouble, Walid. Mais c'est Dieu lui-même qui a commandé à Mohammad – qu'Allah lui accorde la paix éternelle – de mener le *djihad*, la guerre sainte, contre nos ennemis mekkois. Tu n'étais pas né à cette époque. Mais ton père t'a peut-être raconté que les premiers compagnons du Prophète et leurs familles ont dû quitter La Mekke en abandonnant leurs maisons et leurs biens. La seule solution pour survivre à Madinat al Rassoul était d'attaquer les caravanes de ceux qui accusaient le Prophète d'être un menteur. Omérah, peux-tu nous réciter les versets qui ont ordonné aux musulmans d'entrer en guerre contre les ennemis d'Allah ?

Heureuse qu'Aïcha fasse appel à mes connaissances, je m'exécute d'une voix claire et chantante :

« Même si elle peut vous sembler une pénible contrainte,
La guerre sainte vous a été commandée d'en haut
Car ce que vous détestez le plus peut vous être bénéfique un jour
Et ce que vous appréciez le plus peut vous être néfaste.
Dieu seul sait ce que vous ignorez ! »

– Ya Rabbi, ya Allah, ô Seigneur ! Ô Dieu ! scandent d'une seule voix les enfants.

– C'est vrai que Dieu commande à tous les musulmans de ne pas répandre le sang gratuitement, poursuit la Mère des croyants. Mais en cas de nécessité, s'ils doivent défendre leur foi et leur peuple, alors le djihad est la seule solution qui leur reste.

Tandis que Walid écoute la réponse à sa question, des larmes d'impuissance coulent sur ses joues. Il ne peut se résoudre à penser que risquer sa vie pour l'islam est la meilleure manière de gagner le Jardin paradisiaque d'Allah.

7

Le jour de mes douze ans, j'accompagne Aïcha dans le quartier des maraîchers. La Mère des croyants s'est enveloppée dans son ample *hidjab*, le voile de lin bleu qui la couvre de la tête aux pieds. Moi, je porte fièrement la belle robe fleurie qu'elle m'a offerte le jour même. Nous rendons visite à une vieille femme malade dont Aïcha m'a souvent vanté le courage. Oum Atiya a participé aux côtés du Prophète et des nobles combattants de l'islam à presque toutes les batailles menées contre nos ennemis mekkois. Avec d'autres musulmanes intrépides, elle secourait les blessés et fermait les yeux des morts.

En nous voyant entrer dans sa minuscule chambre, Oum Atiya s'exclame : « Allah Akbar ! Allah Akbar ! » La pauvre femme est émue. Aïcha et elle échangent souvenirs et encouragements. Pendant toute la visite, la Mère des croyants serre la main tremblante de la vieille femme, allongée sur sa paillasse. Quand nous la quittons, j'aperçois des larmes qui perlent sous les paupières de ma mère. Sans doute sait-elle qu'elle vient de voir la noble combattante de l'islam pour la dernière fois. Sur le chemin du retour, nous nous reposons un moment au fond d'un jardin abandonné. Je cueille quelques figues et les partage avec la Mère des croyants qui les adore. Les yeux toujours humides, elle fixe l'horizon calciné par le soleil. Elle paraît bouleversée.

– J'ai constaté que tu écoutais attentivement ce que racontait la bonne Atiya. Le Prophète la considérait comme une sainte combattante. Au péril de sa vie, sous les flèches des soldats ennemis, elle allait porter secours à nos frères blessés. Elle va bientôt mourir. Mais pour que son dévouement serve à quelque chose, il faut absolument que tes enfants et les enfants de tes enfants sachent qu'Oum Atiya et bien d'autres femmes et hommes courageux se sont battus pour propager la juste parole d'Allah.

Elle fait une pause, me caresse la joue comme elle aimait le faire quand j'étais plus petite :

– Omérah l'Ansârite, tu as douze ans aujourd'hui. Tu es désormais une femme. Tu le sais, je te considère comme ma fille. En te menant jusqu'à moi lorsque tu n'étais qu'une fillette, Allah m'a enfin accordé l'enfant que mes entrailles n'ont pu engendrer. Tous les jours, dans mes prières, je l'en remercie. Aujourd'hui, tu es la plus savante des élèves qui fréquentent mon école. Même les vénérables professeurs qui étudient jour et nuit l'enseignement du Prophète s'étonnent de ton savoir. Je suis fière d'avoir fait de toi une bonne musulmane et une femme instruite.

Écrasée par les compliments qui tombent sur mes épaules, je sens le rouge se répandre sur mes joues brûlantes d'émotion. C'est alors qu'Aïcha glisse entre mes mains un étui en laine qu'elle m'invite à ouvrir. Je reconnais aussitôt le calame sculpté de celui qui m'a enseigné l'écriture.

– Il est à toi. C'est avec cette pointe de roseau que le digne serviteur de l'Envoyé de Dieu a retranscrit quelques-unes des paroles divines qui constituent notre Saint Livre. Aujourd'hui, c'est à toi de poursuivre le sillon.

Doucement, je caresse le calame qui tremble entre mes doigts. Quand Aïcha me presse contre sa poitrine pour m'embrasser, j'ai l'impression que mon cœur va exploser. Je comprends que c'est à mon tour de témoigner.

Sur le chemin du retour, je serre contre mon cœur le cadeau que vient de me faire ma mère. Comme si je voulais être certaine que je ne rêve pas. Abdoullah ibn Zoubeir, le neveu d'Aïcha, nous attend à la maison. Il est accompagné d'un garçon un peu plus jeune que moi. Dès qu'il nous aperçoit, l'enfant se jette aux pieds de la Mère des croyants pour baiser le bas de son voile. Habillé d'une impeccable tunique verte et d'une paire de babouches rouges, il se met à déclamer une série de compliments tarabiscotés. Quand ces salamalecs enfantins prennent fin, on s'installe sous l'arbre de la cour. Barira nous sert un gobelet d'eau fraîche parfumée à la fleur d'oranger. Tandis que j'observe l'inconnu dont les cheveux soyeux retombent sur sa belle tunique, Abdoullah ibn Zoubeir explique à sa chère tante la raison de la présence de cet enfant à l'accent étranger.

Il s'appelle Aswad. Son père est un riche négociant syrien, partenaire du neveu d'Aïcha, qui s'est lancé récemment dans le commerce. L'enfant est considéré par ses maîtres de Damas comme un élève exceptionnel. À dix ans, il connaît déjà par cœur des centaines de versets du Coran, qu'il psalmodie à merveille, jusqu'à provoquer les larmes de son auditoire. Pour parfaire son éducation, son père a décidé de l'envoyer dans la Cité du Prophète pour qu'il y suive l'enseignement d'Aïcha, célèbre dans toute l'Arabie, et même au-delà.

– Si tu acceptes de prendre Aswad en pension, ô ma tante, son père promet de financer la construction d'un foyer pour les enfants démunis de Madinat al Rassoul, précise Abdoullah d'une voix douce.

Quand Aïcha se retire pour s'entretenir en privé avec son neveu, je reste seule avec Aswad. Il semble impressionné quand je lui apprends que je suis la secrétaire particulière de la Mère des croyants. Je lui montre alors mon beau calame, sur lequel il lève des yeux pétillants d'envie. Je suis fière de mon effet. Ce soir-là, nous mangeons tous les deux avec Barira, dans la cuisine. Ensuite, nous faisons la prière côte à côte sur la terrasse. J'aime l'accent du Syrien et sa manière de se tenir droit dans sa belle tunique. Comme un prince du désert. J'espère qu'Aïcha va accepter de le prendre en pension. J'ai toujours rêvé d'avoir un petit frère.

Le lendemain, Aïcha annonce à Aswad qu'il est désormais chez lui dans notre maison. Elle lui précise qu'il doit me considérer comme sa grande sœur, ce qui n'a pas l'air de lui déplaire.

Le jour de mes douze ans a été un jour extraordinaire. Aïcha a fait de moi la gardienne de l'héritage du Prophète, et je viens de me faire un ami.

Aïcha a dit…

Quand il vivait avec son épouse Khadija, mon futur Époux avait coutume de se retirer un mois par an dans une grotte du Mont Hîra, au nord de La Mekke, à l'endroit où, quand il était enfant, il menait paître ses moutons. Il y passait ses journées, sans dormir, à prier et à méditer.

Il avait quarante ans quand il reçut la première Révélation. Cela se passait en l'an 610 de l'ère chrétienne. Cette nuit-là, le Prophète rencontra son Destin.

Du fond de sa caverne, Mohammad – qu'Allah lui accorde la paix éternelle – perçut une voix étrange qui l'appelait par son prénom. Une lueur aveuglante embrasa les parois rougeâtres de la grotte. Il entendit distinctement la voix inconnue lui commander :

– Lis !

– Je ne suis pas de ceux qui savent lire, se surprit-il à répondre d'une voix mal assurée.

L'Ange le souleva de terre et répéta d'un ton plus autoritaire :

– Lis !

Les tempes ruisselantes de sueur, mon futur Époux, qui se croyait victime d'un mauvais songe, répéta, sans bien saisir le sens de ses paroles :

– Je ne suis pas de ceux qui savent lire !

Alors l'Ange le pressa tellement fort qu'il faillit l'étouffer. Il le laissa retomber sur le sol et lui ordonna de nouveau :

– Lis : Au nom du Dieu qui a créé.
Il a créé l'être humain à partir d'un caillot de sang.
Lis : Pour ton Dieu qui n'est que générosité.
Lui qui enseigna à l'homme ce qu'il ne savait pas !

Mû par une force mystérieuse, Mohammad – qu'Allah lui accorde la paix éternelle – récita les paroles que l'Ange venait de lui dicter. Quand il retrouva ses esprits, la grotte était vide. Mon futur Époux eut la sensation qu'on venait de graver dans son cœur un livre entier.

Tremblant de tous ses membres, il se précipita hors de la caverne, le visage déformé par la peur. Lui qui détestait tant les poètes aux rimes folles et les possédés qui délirent dans les rues de La Mekke, crut d'abord qu'il était l'objet d'hallucinations et de songes diaboliques.

– Suis-je moi-même devenu un poète fou qui entend des voix ? se demandait-il en gravissant les roches de la montagne, bien décidé à mettre fin à ses jours en se jetant dans le vide .

Alors qu'il atteignait le sommet, la voix venue des cieux lui souffla à l'oreille :

– Ô Mohammad ! Tu es le Messager de Dieu, et je suis Djebraïl !

Le souffle coupé, il leva la tête vers le ciel qui s'empourprait des lueurs du soir et aperçut, pour la première fois, Djebraïl, l'Ange Gabriel. Sa silhouette emplissait l'horizon tout entier. Mohammad – qu'Allah lui accorde la paix éternelle – demeura quelques instants, paralysé, devant l'image sublime, qui disparut tout à coup dans la nuit.

Quand il eut regagné son foyer, le cœur fiévreux et l'âme envahie par le doute, son épouse Khadija le serra dans ses bras. Les yeux exorbités, pleins de visions surnaturelles, il lui raconta d'une voix haletante ce qu'il venait de vivre. Certaine que son mari ne divaguait pas, elle l'encouragea à retourner dans sa caverne le plus souvent possible. Ainsi, pendant trois ans, mon futur Époux s'est rendu sur le mont Hîra pour écouter un flot de paroles étranges d'une beauté qui dépasse celle des chants des plus fameux poètes d'Arabie.

Mais comment pouvait-il garder tout cela en mémoire ? Pendant des heures, il récitait les ver-

sets qui bourdonnaient dans sa tête. À son retour de retraite, il dictait aux quelques proches qui savaient écrire ce que l'Archange lui avait transmis pendant la nuit.

Tout était bon pour recueillir les saints préceptes d'Allah : peau de mouton séchée, omoplate de chameau, tessons de poteries, feuilles de palmier... Mais les gardiens les plus sûrs de la mémoire de l'islam naissant ont été les récitants eux-mêmes qui répétaient pendant des journées entières les paroles magnifiques que l'Annonciateur leur communiquait dans le secret de sa maison.

Parfois, la grotte restait silencieuse pendant des semaines entières. Désespéré, Mohammad – qu'Allah lui accorde la paix éternelle – pensait alors que l'Archange de Dieu l'avait abandonné. Il sombrait dans une muette mélancolie, dont tentait de le faire sortir sa patiente épouse. « Peut-être Djebraïl teste-t-il ma foi et mon endurance ? » se disait-il pour ne pas devenir fou.

Un jour, la voix qui lui était devenue familière l'interpella avec plus de véhémence. Djebraïl lui apparut dans un halo qui l'aveugla et il lui commanda :

– Ô Mohammad, lève-toi, sors de ta solitude. Annonce à ta famille et à ton peuple qu'Allah est le plus grand, et que tu es son Messager !

8

Barira installe un lit pour Aswad dans un coin de la pièce commune. Dorénavant, je vais partager la chambre d'Aïcha. J'accompagne le petit nouveau dans le quartier pour le présenter aux voisins. Les commerçants sont impressionnés en apprenant qui est son père. Je lui montre l'endroit où il viendra chercher les omoplates de chameau, les peaux de mouton et les feuilles de palmier séchées sur lesquelles nous écrivons. Chaque matin, il devra également installer les bancs pour la classe et porter les messages de la Mère des croyants à travers les ruelles de la ville.

Barira ne semble pas s'habituer à la présence de l'enfant syrien. Elle a l'impression qu'il la considère avec un brin de mépris. Elle n'a pas apprécié qu'il fasse la grimace en mangeant sa bonne soupe à l'orge et à la queue de mouton séchée :

– Sans doute le beau jeune homme est-il habitué à une nourriture de prince, servie par une multitude de domestiques dans son palais de Damas ! grogne l'ancienne esclave. Mais il faudra bien qu'il apprenne à partager la vie simple de notre maison. Le Prophète n'avait-il pas coutume de dire que les êtres humains sont aussi égaux que les dents d'un peigne, quelle que soit la couleur de leur peau ?

Aïcha acquiesce. Elle conseille à Barira d'être patiente avec cet enfant plein de promesses. Quant à moi, j'admire les manières délicates d'Aswad. Quand nous avons un moment de libre, nous récitons ensemble des passages du Coran. Chacun à notre tour, nous testons les connaissances de l'autre. Nous nous corrigeons mutuellement les fautes de prononciation. Aïcha départage nos différends en souriant.

Après la saison chaude, l'école coranique d'Aïcha ouvre de nouveau ses portes. Comme promis, le père d'Aswad a fait construire dans la cour une grande pièce qui sert à la fois de salle de classe pour les petits et de foyer pour les enfants les plus pauvres. Ceux qui n'ont pas un toit ou qui habitent trop loin peuvent même y dormir sur des tapis de raphia que l'on déroule chaque soir. Mais encore faut-il l'aménager et pourvoir aux besoins des pensionnaires abandonnés des leurs. Pendant plusieurs jours, la Mère des croyants parcourt la cité à la recherche d'âmes charitables pour l'aider à mener à bien sa mission. Dès que la nouvelle est connue, les dons affluent de toutes parts : un tisserand du souk offre des couvertures ; Atmen, le menuisier, propose de fabriquer gratuitement de petits bancs avec des chutes de bois. Tous les jours, on dépose devant notre porte des écritoires, des ustensiles de cuisine et des provisions pour la cantine. Des agriculteurs des environs promettent des légumes et des céréales à la bonne saison. Plusieurs femmes vont se relayer pour préparer les repas.

Que ne ferait-on pour participer à la noble mission d'Aïcha la Véridique !

Aïcha a dit…

Obéissant à l'injonction de l'ange, Mohammad – qu'Allah lui accorde la paix éternelle – se rendait chaque jour sur les places de La Mekke pour proclamer la parole de Dieu. Ignorant les ricanements qui sifflaient à ses oreilles, il répétait à qui voulait l'entendre que le temps était venu de briser les trois cent soixante idoles de la Kaaba.

Qu'il fallait se soumettre à Allah, Dieu unique et miséricordieux. Souvent, on riait de lui. Les passants le prenaient pour un majnoun, *un de ces fous qui inventent des histoires abracadabrantes. Certains lançaient une piécette à ses pieds, d'autres se détournaient en l'insultant. On ne le croyait pas quand il parlait de ses visions nocturnes et qu'il annonçait qu'il était chargé de propager la bonne parole.*

Les commerçants prospères se demandaient ce que faisait ce noble fils des Béni Hachem assis dans la poussière. Lui que tout le monde surnommait Al Amîn, celui qui est digne de confiance ! Les poètes, jaloux de ses talents d'orateur, le considéraient comme un concurrent, ce qui l'agaçait plus que tout. À longueur de journée, il devait convaincre les passants qu'il n'était pas un de ces rimailleurs qui disent, mais ne font pas. « C'est la voix de Dieu qui parle à travers moi », ne cessait-il de répéter. Parfois, il avait l'impression de prê-

cher devant un troupeau de chameaux ruminants. Qui allait croire cet homme au discours étrange, qui prétendait être le nouveau Prophète annoncé par les livres sacrés des juifs et des chrétiens ?

Au départ, seuls les mendiants, les esclaves et les jeunes gens étaient fascinés par ce noble personnage à la barbe bien taillée, qui leur disait qu'Allah est le plus grand et que son Paradis ressemble à un jardin merveilleux. « Les hôtes du Paradis seront les humbles et les faibles qui jurent d'être fidèles à Allah, affirmait-il sans relâche. Les habitants de l'Enfer seront tous les hommes cruels et arrogants. » Peu à peu, sa persévérance porta ses fruits : presque tous les jours, de nouveaux citoyens de La Mekke se soumettaient aux règles de l'islam naissant. Riches, pauvres, adolescents, femmes et vieillards, par dizaines ils abandonnaient le culte des idoles pour se mettre sous la protection d'Allah.

Quand ils se réunissaient autour de leur Prophète pour prier et apprendre de sa bouche les premières paroles tombées du Ciel, on se moquait d'eux. Les passants les insultaient ou tapaient sur des morceaux de bois pour couvrir leur voix. On leur jetait des pierres pour les faire taire. On leur crachait au visage pour les humilier, tandis que les Mekkoises les plus effrontées s'égosillaient en chantant des couplets grivois sur leur passage.

L'Annonciateur ordonnait à ses compagnons de rester calmes. De ne pas répondre à ces provocations, n'humiliant que leurs auteurs, qui devraient, le jour de leur mort, justifier leurs actes infâmes devant Dieu. « Soyez comme l'arbre fruitier. On vous attaque avec des pierres, répondez avec des fruits », leur répétait-il pour les encourager. Lui-même feignait l'indifférence quand les femmes jetaient sur son passage des poignées d'épines pour qu'il se blesse les pieds. Un jour, alors qu'il priait avec quelques fidèles sur l'espla-

nade de la Kaaba, Abou Jahl le Terrible déversa sur la tête de l'Apôtre d'Allah les entrailles encore fumantes d'un mouton. Mohammad – qu'Allah lui accorde la paix éternelle – poursuivit sa prière jusqu'à son terme. Il s'essuya ensuite le visage et se contenta de murmurer d'un ton calme : « Le jour viendra où celui qui a fauté s'en mordra les doigts... »

9

Je suis assise sur la terrasse, le corps noyé dans les ténèbres. Seul mon visage est éclairé par la lueur de la lampe à huile posée sur le sol. Aswad est installé sur le beau tapis bleu que nous aimons tant. Je chuchote de peur que quelqu'un ne m'entende :

– « Pour que vous compreniez quelle place j'occupe parmi les autres prophètes de la terre, imaginez un homme qui a fait construire un palais splendide. Il l'a achevé et richement décoré, laissant seulement… »

Inquiète, je répète à l'infini cette citation du Messager de Dieu. Je redis encore une fois les mots sacrés de Mohammad – qu'Allah lui accorde la vie éternelle. Mais la parole divine semble se perdre dans mon cerveau :

– « Pour que vous compreniez quelle place j'occupe parmi les autres prophètes de la terre, imaginez un homme qui a fait construire un palais splendide... »

Pour m'aider à me souvenir, Aswad poursuit la phrase, toujours à voix basse :

– « Il l'a achevé et richement décoré, laissant seulement... » Fais un effort, essaie de te rappeller la suite !

Honteuse, je n'ose lever la tête. Je ne veux pas croiser le regard interrogateur de mon ami. Le visage voilé d'angoisse, je ne suis plus sûre de rien. Tant de mots, de phrases, de paroles et de versets magnifiques emplissent ma tête et mon âme ! J'ai parfois l'impression que mon cerveau va exploser. Face à mon frère devant Allah, je tente vainement de me concentrer :

– Oui, je suis certaine que notre mère m'a dicté cette phrase… Je l'ai recopiée sur une omoplate. Mais où l'ai-je mise ? Je l'ai cherchée partout, dis-je, paniquée à l'idée des conséquences de ma perte.

En prononçant ces mots, je sens des larmes qui commencent à irriguer l'intérieur de mes joues. Je les retiens avec force. Je ne veux pas pleurer devant Aswad. Je refuse de lui montrer la profondeur de ma détresse.

– Mais comment as-tu pu faire cela ? m'interroge-t-il, le visage dissimulé par les feuilles luisantes du citronnier aux lourds fruits d'or.

Je sens bien qu'il me juge. Il pense sans doute que je suis indigne de la confiance que m'accorde notre mère. Je baisse de nouveau les yeux, cherchant dans les motifs du tapis une solution à mon problème. Je frissonne dans ma longue robe bleue. Je suis confuse, gênée de devoir demander de l'aide à Aswad, qui est plus jeune que moi. Comment, en effet, ai-je pu égarer un morceau des *Hadiths*, ces paroles sacrées du Prophète ? Je suis si soigneuse d'habitude ! La Mère des croyants ne me cite-t-elle pas en exemple auprès de tous les élèves qui fréquentent son école ? La bonne Aïcha n'a-t-elle pas fait de moi sa fille chérie et sa précieuse secrétaire ?

Nos palabres secrètes se poursuivent jusqu'au petit matin. Au-dessus de nos têtes, la nuit se retire imperceptiblement. Les murs de la cité ressemblent maintenant à des voiles clairs flottant sur un océan de sable. Nulle lueur ne perce encore l'air, qui tremble au petit vent frais du désert. Seule la flamme de la lampe qui vacille sur la terrasse brille comme une luciole perdue dans l'immensité du monde. Devant ma détresse Aswad semble oublier les petits conflits qui nous opposent parfois. Il paraît vouloir m'aider à retrouver la précieuse omoplate :

– Tout à l'heure, nous passerons la maison de notre mère et les alentours de la mosquée au peigne fin. Tu verras, fille distraite, que nous finirons bien par mettre la main sur les paroles sacrées de Mohammad – qu'Allah lui accorde la paix éternelle !

– Aïcha ne doit rien savoir, dis-je d'une voix tremblante.

– Ne t'en fais pas. Allah nous guidera vers ses sages paroles. Dormons un peu. Notre mère ne va pas tarder à se lever. C'est l'heure de la prière de l'aube.

Et au moment où nous nous endormons sous les pâles étoiles du petit jour, la voix puissante du muezzin déchire l'air laiteux de Madinat al Rassoul :

– « Il n'y a pas d'autre Dieu qu'Allah ! Nul n'est plus grand que lui, et Mohammad est son

Messager. Venez prier dans sa maison, venez tous pour votre salut ! »...

Aïcha a dit…

Plus le nombre de musulmans augmentait, plus la rage des autorités de La Mekke était grande. On se mit alors à accuser Mohammad – qu'Allah lui accorde la paix éternelle – d'insulter les divinités des anciens. Certains prétendaient que le seul but de ce « prophète de pacotille » était de semer la discorde dans la communauté. Dans les oasis des environs, on parlait de plus en plus du nouveau Prophète. L'influence de mon futur Époux auprès des jeunes Mekkois et des voyageurs de passage dans notre cité grandissait un peu plus chaque jour. Des extraits des premières Révélations étaient répétés sur les places et dans les souks. Peu à peu, le message de Mohammad – qu'Allah lui accorde la paix éternelle – fit son chemin, au-delà des collines et des palmeraies, dans la tête des Bédouins émerveillés. Furieux, les maîtres de la région ne pouvaient accepter de voir leur pouvoir grignoté par un « illuminé » qui troublait l'ordre public.

Un jour, Abou Taleb, l'oncle et tuteur de l'Envoyé de Dieu, convoqua son neveu pour lui répéter les menaces qui planaient sur lui :

– Tu sais que je ne veux que ton bien et celui de notre clan, ô mon neveu. Il faut pourtant que tu saches que ton comportement dérange la communauté. Les membres du Conseil des Sages sont venus me voir pour que j'use de mon influence auprès de toi. Leur patience a des limites. On raconte que tu insultes les divinités de la Kaaba. Tu vas trop loin, mon neveu, en offensant la mémoire de nos ancêtres. La colère des maîtres de la cité est si grande que je ne serais pas étonné s'ils préparaient un complot infâme pour t'éliminer. Je t'aurais averti.

Quand son oncle eut terminé de parler, le Prophète leva les yeux :

– Ô mon oncle chéri, même si je le voulais, je ne pourrais pas répondre aux exigences du Conseil des Sages. Ce n'est pas moi qui ai décidé d'être l'Annonciateur d'Allah, c'est Lui qui me l'a imposé. Si les chefs de La Mekke plaçaient le soleil dans ma main droite et la lune dans ma main gauche, s'ils me brûlaient vif, je ne retirerais pas une seule parole de ce que je prêche. Dis-leur, ô Abou Taleb le Juste, que je ne renoncerai pas à ma mission divine avant de la voir triompher parmi notre peuple. Même si je dois perdre la vie pour cela.

Ému par son courage et sa détermination, son oncle le serra dans ses bras en lui promettant la protection de son clan, conformément à la coutume du désert.

Malheureusement, Abou Taleb avait vu juste. Impuissants face à la popularité grandissante de mon futur Époux, les maîtres de La Mekke passèrent des menaces et des moqueries aux persécutions et aux assassinats. À plusieurs reprises, on tenta de tuer le Prophète. On torturait ses disciples les plus pauvres et ceux qui ne bénéficiaient pas de la protection d'un clan noble et puissant. Certains furent crucifiés, d'autres lapidés ; on ne reculait devant rien pour leur faire renier leur soumission à Allah.

10

Les voix des enfants qui jouent au chameau fou dans la cour de la mosquée montent jusqu'à la terrasse et nous réveillent. Aussitôt, l'omoplate perdue me revient en mémoire et l'angoisse me reprend. Nous nous dépêchons de descendre.

Quand Aïcha sort de sa chambre, filles et garçons cessent leurs bruyantes cavalcades pour entrer en classe. Je m'assieds à côté de ma mère avec mon matériel d'écriture. Pendant qu'elle répond aux saluts, je taille mon calame avec soin. Au fond de la salle j'aperçois Aswad, les yeux encore ensommeillés. Il me lance un sourire complice.

Le visage encadré d'un fichu couleur safran, la Mère des croyants ferme les yeux pour mieux se concentrer. Le silence se fait dans la petite pièce. De l'autre côté du rideau, les hommes dressent l'oreille.

– J'ai souvent été la première auditrice de la Parole du Livre. Oui, j'ai été l'unique épouse chez laquelle l'Envoyé de Dieu recevait ses Révélations divines. Les anciens savent combien les autres épouses du Prophète étaient jalouses de ce privilège, ajoute-t-elle avec malice. Mais c'est Allah qui l'a voulu ainsi !

Dès qu'elle commence à parler, je fais crisser mon calame sur la peau de mouton tendue que je maintiens fermement sur mes genoux. Quand je lève la tête, je constate qu'Aswad s'est assoupi, l'âme bercée par les douces paroles de l'indulgente Aïcha.

– Parfois alors qu'il se recueillait dans ma chambre, il était pris brusquement de tremblements terribles…

Elle indique du doigt l'alcôve qui abritait autrefois son lit. Elle est aujourd'hui séparée du reste de la pièce par une cloison, derrière laquelle se trouve la tombe de Mohammad – qu'Allah lui accorde la paix éternelle.

– Il fermait les yeux, comme si une force surnaturelle lui pressait les paupières, poursuit-elle. Il claquait des dents et soufflait bruyamment. Des vagues de sueur inondaient son visage et son cou tendus vers le ciel. Il fallait l'envelopper dans son grand manteau de laine épaisse pour qu'enfin il se calme. La parole d'Allah coulait alors de ses lèvres entrouvertes comme une rivière de pierres précieuses, emplissant ma chambre de félicité. Il entendait une voix terrible lui ordonner de réciter ce qu'elle lui dictait. Parfois, des clochettes tintinnabulaient dans sa tête pour annoncer les paroles divines…

Une rumeur d'émerveillement parcourt l'assistance. Les visages sont stupéfaits, comme saisis par le récit d'Aïcha :

– Au début, j'étais un peu effrayée. On aurait dit que mon cher Époux n'était plus lui-même. En quelques instants, il devenait la Voix de Dieu. Impressionnée par la beauté des paroles qu'il répétait sans vraiment s'en rendre compte, je sentais souvent des larmes couler sur mes joues. Quand il retrouvait son calme, j'appelais un de ses secrétaires pour qu'il note les versets que le Messager d'Allah répétait pendant des heures afin qu'ils se gravent à tout jamais dans son âme et son cœur.

Quand la Mère des croyants termine son récit, j'aperçois des larmes qui glissent entre ses paupières mi-closes. Dans la pièce, le silence est total. L'air est étouffant. Chacun semble boire les saintes histoires de l'épouse préférée de Mohammad – qu'Allah lui accorde la paix éternelle – comme l'eau claire d'une fontaine aux vertus magiques. Une femme se lève pour tamponner les joues et le front d'Aïcha avec un mouchoir parfumé à l'essence de jasmin. À l'extérieur, les hommes hochent solennellement la tête en signe d'approbation à chacune de ses déclarations. Il fait de plus en plus chaud dans la classe. Barira apporte une outre d'eau fraîche. Après s'être désaltérée, Aïcha me passe le récipient de cuir, que je fais circuler parmi les femmes et les petits élèves, toujours silencieux. Sur leur front perlent de minuscules gouttes de sueur.

Avant de terminer la classe, Aïcha pose quelques questions aux enfants :

– Quels sont les devoirs sacrés de tout bon musulman ? demande-t-elle.

Aussitôt, la petite troupe répond d'une seule voix sonore et convaincue :

– Chaque musulman doit proclamer qu'il n'y a pas d'autre Dieu qu'Allah et que Mohammad est son Messager ; il doit répondre cinq fois par jour à l'appel du muezzin qui l'invite à faire sa prière ; il doit consacrer une partie de sa fortune pour faire l'aumône à plus pauvre que lui et respecter le jeûne pendant un mois chaque année ; enfin, si sa fortune et sa santé le lui permettent, il doit effectuer, au moins une fois dans sa vie, le *Hadjdj,* le grand pèlerinage à La Mekke !

Satisfaite de la réponse des plus jeunes, Aïcha leur distribue des dattes et quelques mots d'encouragement. Elles se tourne ensuite vers les plus âgés, qui suivent sa classe depuis plusieurs années :

– Qui se souvient de la plaidoirie de l'honorable Djaffar Abou Taleb devant le Négus, le noble roi d'Abyssinie, qui a accordé son hospitalité aux premiers musulmans fuyant les persécutions mekkoises ?

De nouveau, le silence se fait dans l'assistance. Aucun doigt ne se lève. Certains élèves baissent même la tête, comme s'ils cherchaient sur le sol de terre battue la célèbre déclaration de Djaffar Abou Taleb, que je connais par cœur. Aïcha sourit avec indulgence. Elle s'apprête à redire les termes exacts de la fameuse plaidoirie qui a servi de modèle aux premières lois de la société musulmane quand, du fond de la salle, une voix familière s'élève :

– « Le Prophète nous a commandé de ne jamais mentir, d'être fidèles à nos engagements, de venir en aide à nos parents et à nos voisins. Il nous a formellement interdit de sombrer dans la débauche, de faire le mal à autrui, de répandre le sang humain, de faire un faux témoignage, de voler le bien de l'orphelin ou de menacer l'honneur des femmes. Il nous a ordonné de n'adorer qu'Allah, de mépriser les divinités païennes de la Kaaba, de prier, de donner l'aumône et de respecter le jeûne… »

Quand il a terminé, chacun se retourne vers Aswad, toujours appuyé contre le mur du fond.

– Bravo, Aswad ! Ton père, qui m'a confié ton éducation, peut être fier de toi. Mais te souviens-tu de la réponse du Négus ? questionne Aïcha.

Comme il hésite et baisse les yeux d'un air penaud, elle se tourne vers moi. Je complète alors la réponse de mon frère :

– Après le beau discours de Djaffar, le Négus a convenu que l'enseignement de Mohammad – qu'Allah lui accorde la paix éternelle – venait de la même source que celui du Christ, auquel il croyait. Il a donc accordé aux musulmans venus se réfugier dans son royaume sa bénédiction et sa protection.

– Omérah, ton savoir complète celui de ton frère. Le clan des Ansârites, dont tu es issue, peut être fier de toi, me complimente Aïcha.

Elle se lève, ce qui veut dire que la classe est terminée. Les hommes partent les premiers en laissant près de la porte des cadeaux que Barira récupère pour les donner aux pauvres. Les femmes s'attardent autour d'Aïcha pour lui demander conseil. Elles lui baisent la main en la quittant. Les enfants s'accrochent à sa longue robe comme à un étendard glorieux qu'ils voudraient emporter avec eux.

11

Quand la maison retrouve son calme, j'enroule la peau de mouton couverte de minuscules signes que j'ai fait sécher au soleil. Je fais l'inventaire de mes écrits. Je les range soigneusement dans des pièces de cuir souple, encore imprégnées de l'odeur de la bête qui les a portées.

Aswad s'approche. Sa voix pleine de rage me surprend :

– Merci, Omérah, pour ta réponse ! Tu es vraiment la meilleure. Aucun détail de la vie du Prophète ne t'échappe. Le chef spirituel, l'homme d'État, le stratège militaire… tu es vraiment incollable sur tout ce qui concerne Mohammad – qu'Allah lui accorde la paix éternelle !

Il fait une pause. Un sourire mauvais se dessine sur ses lèvres :

– Mais, au fait, tu n'as toujours pas remis la main sur l'omoplate manquante ?

Je le regarde, interloquée. Les intentions du garçon auraient-elles changé depuis la nuit dernière ? Serait-il blessé, simplement parce que j'ai complété sa réponse ?

– D'ailleurs, tu as raison, notre mère aurait beaucoup de peine si elle apprenait que tu perds les paroles d'Allah qu'elle te fait l'honneur de te confier. Elle qui pense que tu es sa mémoire la plus fidèle ! ajoute-t-il d'un ton vengeur.

Toujours occupée à fouiller au fond du coffre, je serre les dents et feins d'ignorer la remarque blessante d'Aswad. Visiblement, il n'est plus disposé à m'aider. Voyant qu'il ne parvient pas à m'ébranler, il change de sujet :

– Le vieux Mokrane m'a dit que le fait de prier à proximité d'un âne, d'un chien ou d'une femme annulait l'effet de la prière…

Cette fois, c'en est trop ! Je ne peux garder le silence :

– N'as-tu pas honte de répéter de telles sornettes, qui n'existent nulle part dans les paroles sacrées du Prophète ? Si tu penses qu'une femme ne vaut pas mieux qu'un âne ou un chien, tu te trompes ! Tu n'as donc rien compris au message de l'Envoyé de Dieu…

Aswad est étonné de la véhémence de ma réponse et du ton de ma voix, d'habitude si posée. Je poursuis :

– Ne sais-tu pas, ignorant prétentieux, que le Prophète lui-même avait l'habitude de prier à proximité de la vénérable Aïcha ? Sa chambre était si petite que son matelas se trouvait tout près du tapis de prière de Mohammad – qu'Allah lui accorde la paix éternelle ! Notre mère m'a même raconté que l'Annonciateur faisait parfois sa prière alors qu'elle était allongée sur son lit, juste derrière lui…

Tandis que je parle, la voix tremblante de colère, je remarque que le visage d'Aswad se fige soudain. En me retournant, j'aperçois la Mère des croyants, qui sourit. Elle a tout entendu…

– Tu as bien retenu la leçon, Omérah ! Il arrivait même que mes pieds qui pendaient dans le vide, au-dessus de son tapis, touchent son dos quand il se prosternait. Cela ne le dérangeait pas du tout. Tâche donc, Aswad, de ne pas croire toutes les bêtises et les rumeurs qui courent les ruelles de Madinat al Rassoul. Si ton riche père t'a envoyé chez moi, c'est pour que tu apprennes les vrais enseignements de l'islam. Ce n'est pas en répétant des histoires comme celle-ci que tu te rapprocheras des jardins d'Allah !

Ce jour-là, je comprends que je ne peux plus compter sur Aswad. J'ai l'impression qu'il me déteste, alors que je le considère comme mon petit frère, que j'admire son savoir et que je prends sa défense quand Barira critique son comportement hautain. Jouait-il la comédie, la nuit dernière sur la terrasse, quand il m'a promis de m'aider à retrouver l'omoplate que j'ai perdue ? Pourquoi ? Est-il jaloux de moi ? Méprise-t-il les femmes pour colporter de telles bêtises à notre sujet ? Dorénavant, je dois me méfier de lui.

Aïcha a dit…

Découragé par l'incrédulité et la haine des habitants de La Mekke, le Prophète décida un jour d'aller tenter sa chance hors de sa ville natale.

Après une journée de marche, il arriva, épuisé, à Taïef, l'oasis qui donne les fruits les plus succulents du Hedjaz. Il se rendit chez les trois frères qui commandaient la ville pour obtenir leur protection. Il leur expliqua qui il était et leur demanda de se soumettre à Allah pour donner l'exemple aux habitants de leur verdoyante bourgade.

– Si Allah t'a chargé d'une telle mission, pourquoi as-tu besoin de notre protection ? Ne peut-il protéger lui-même son Envoyé ? fit remarquer, incrédule, un des frères.

– Si Dieu a besoin d'un Prophète pour répandre sa Vérité, pourquoi aurait-il choisi un être aussi faible que toi pour le représenter ? ajouta un autre frère, en riant.

Quant au troisième, il se mit en colère et fit chasser Mohammad – qu'Allah lui accorde la paix éternelle – par ses domestiques. Humilié, l'Homme de Dieu quitta la ville sous les injures et les crachats des paysans, les coups de bâtons des femmes, les morsures des chiens et les pierres des garnements.

Parvenu à s'échapper, il s'écroula au bord du chemin. Fourbu, le manteau en lambeaux, le visage ensanglanté et les membres bleuis par les coups, il leva les yeux vers le ciel et fondit en larmes. Abandonné des hommes, il doutait, encore une fois, de sa mission divine. Mais Allah le Très Grand ne l'avait pas oublié et lui inspira une de ses plus émouvantes prières :

« Ô Allah, je désespère auprès de Toi de l'insuffisance de mes forces, de mes modestes moyens et de la faiblesse de mon être aux yeux des hommes, ô toi le plus miséricordieux des miséricordieux ! Je demande protection, à toi, grâce à qui les ténèbres accouchent du jour... »

Réconforté par cet appel qu'il venait de lancer dans la solitude des sables, il repartit vers La Mekke. Après quelques heures de marche, il se re-

posa à l'ombre d'une treille, d'où pendaient de lourdes grappes qu'il n'osait cueillir. Il n'avait pas remarqué que deux hommes l'observaient de leur maison. Touchés par l'état pitoyable du Prophète, qu'ils connaissaient, les deux frères impies à qui appartenait le champ demandèrent à leur esclave chrétien d'apporter au vagabond une belle grappe de raisin et une cruche d'eau :

– Addas, pose devant ce pauvre illuminé, qui est un peu de notre famille, la nourriture sans lui adresser la parole, car il pourrait te faire perdre ta foi, ordonna un des deux frères.

L'esclave syrien obéit. Il se posta à quelques mètres du Prophète, qui avant de croquer le premier grain de raisin prononça à haute voix la formule traditionnelle :

– Bismillah ! *Au nom de Dieu !*

– Que viens-tu de dire, voyageur ? Depuis que j'ai quitté mon pays, je n'ai jamais entendu im-

plorer Dieu de cette manière, fit remarquer Addas, oubliant les consignes de ses maîtres.

Mohammad – qu'Allah lui accorde la paix éternelle – expliqua alors qu'il était Prophète, frère de tous les prophètes envoyés sur terre pour rassembler le troupeau des croyants égaré dans le désert.

Ému jusqu'aux larmes, le chrétien décida aussitôt d'adopter la foi musulmane. Il se prosterna et répéta, les yeux levés vers l'infini du ciel :

– Il n'y a pas d'autre Dieu qu'Allah, et Mohammad est son Messager !

Parti plein de doutes de La Mekke, le Messager d'Allah rentrait chez lui en ayant conquis un nouveau cœur. Preuve que Dieu n'abandonne jamais ceux qui se soumettent à sa loi.

12

Ce matin, le bruit de la pluie m'a réveillée. Dans la cour, les feuilles des arbres dégoulinent d'eau. De petites flaques boueuses se sont formées pendant la nuit sur la terre ocre. Le ciel crémeux donne à la ville l'aspect d'une cité fantôme abandonnée de tous ses habitants. Barira sautille dans la cuisine, contente à l'idée que nos citernes vont se remplir en quelques heures.

– Allah a pitié de nous ! s'exclame-t-elle, les mains tendues vers les nuages. Je ne compte plus les lunes depuis la dernière pluie. Les champs ont besoin de boire et notre puits est presque à sec. Dieu ne nous oublie pas, ma fille. Il sait ce qui est bon pour nous !

Agenouillée devant le feu, près duquel je me suis réfugiée, elle remue les braises. Assise à côté d'elle, je sirote un bol de lait. Aujourd'hui, il n'y a pas classe. Aïcha garde la chambre pour prier et se recueillir. Elle jeûne et psalmodie des versets du Grand Livre. Dans la cuisine, Barira et moi parlons à voix basse pour ne pas la déranger. Levé à l'aube, Aswad a quitté la maison sans que je le voie.

– Il est allé faire la lecture au vieux Slimane, qui va bientôt mourir, m'explique Barira. Il avait l'air de mauvaise humeur. Il ne m'a pas adressé la parole.

C'est notre mère qui a demandé à Aswad de rendre visite aux anciens et aux malades pour leur réciter le Coran. Comme son cher Époux, elle considère que ceux qui ont le privilège de connaître les enseignements de Dieu ont le devoir de les partager avec le plus grand nombre.

Je suis contente de savoir Aswad absent pour la journée. Après la pénible scène d'hier, je préfère l'éviter. Je décide de rester auprès de la douce Barira pour l'aider à préparer le pain de la semaine. Tandis qu'elle mouille la farine d'orge en chantonnant, je surveille la cuisson des galettes. J'adore entendre le bois sec qui crépite sous la flamme. À travers la fumée qui monte vers l'ouverture du plafond noirci de suie, j'observe le visage cuivré de l'Abyssinienne qui malaxe la pâte au rythme de son chant. Je ne sais pourquoi, je me sens bien auprès d'elle. J'oublie mes soucis quand elle parle ou quand elle sourit de sa bouche édentée qui n'a plus d'âge. De temps en temps, elle tourne vers moi ses beaux yeux ridés pour vérifier la cuisson des petits pains dorés. Dès qu'ils sont cuits, je les empile dans une corbeille en raphia couverte d'un linge humide.

– Tu feras une épouse parfaite, Omérah. Non seulement tu es savante, mais tu te débrouilles très bien dans les tâches ménagères. Celui qui t'épousera sera le plus heureux des hommes, par Allah !

– Je n'ai nulle envie de me marier. Je suis très bien ici, auprès de ma mère et de toi.

Elle remarque que mes joues ont rougi quand elle a évoqué l'homme qui me prendra un jour pour femme. Elle sourit tendrement et ajuste le foulard noir qui lui enserre la tête, dissimulant ses cheveux blancs qu'elle ne prend plus la peine de teindre au henné :

– Pourtant, tu as plus de douze ans ! Tu es une femme désormais !

– Et toi, Barira, pourquoi ne t'es-tu jamais mariée ?

Ses mains se figent dans la pâte. Pendant un instant, seul le murmure de la voix d'Aïcha, qui se glisse à travers le lourd rideau séparant les deux pièces, trouble le silence.

– C'est Allah qui l'a voulu ainsi, finit-elle par lâcher. J'ai été arrachée à ma tribu chrétienne d'Abyssinie à l'âge de dix ans. J'ai été échangée contre une chamelle et son chamelon. Tu vois, Omérah, c'était le prix d'une petite fille étrangère au temps des idolâtres. À cette époque, des maîtres sans cœur régnaient sur La Mekke…

C'est la première fois que Barira me parle de son passé d'esclave. Je sens qu'elle est très émue, mais qu'elle veut continuer son récit :

– J'avais ton âge quand j'ai entendu parler pour la première fois d'un nouveau prophète, qui promettait la félicité céleste aux pauvres et aux malheureux, et les flammes de l'enfer aux riches au cœur dur. Dans la maison où je m'occupais des enfants, j'écoutais les autres domestiques discuter entre eux quand les maîtres étaient endormis. Ils répétaient les paroles pleines d'amour du mari de Khadija.

À mesure qu'elle parle, sa voix se fait plus douce :

– Un jardinier m'apprit un jour que ce nouveau prophète réunissait en cachette ses disciples dans la Maison d'Al Arqam, située en dehors de la ville. Un soir, je m'échappai de la demeure de mon maître pour assister à un de ses prêches. Nous étions une vingtaine d'hommes et de femmes dans le patio protégé de hauts murs blancs. Je me suis tout de suite sentie en confiance parmi ces êtres qui étaient mes semblables. Dès que j'ai croisé le regard du Prophète, fier et plein d'amour, j'ai compris que j'avais trouvé un sens à ma vie. Je me souviens de ses premières paroles. Elles résonnent encore dans mes vieilles oreilles comme s'il les prononçait à l'instant : « Vous qui me faites confiance et qui avez renié famille et amis pour venir me rejoindre, sachez que je n'ai aucun pouvoir surnaturel. Je ne peux transformer la source asséchée en torrent en crue ou éloigner la foudre et le vent de vos maisons. Je ne fais que ce que Dieu veut. Je ne suis qu'un Bédouin, un pasteur chargé d'annoncer la parole d'Allah. Comme vous, mes frères et mes sœurs, je suis fils de la terre ocre et du ciel étoilé. »

Barira fait une pause. Je suis bouleversée par ces paroles du Prophète que je n'ai jamais entendues. En contemplant son visage rayonnant de bonheur, je regrette de ne pas être née quelques années plus tôt. J'aurais pu alors rencontrer le Messager de Dieu.

– La suite, tu la connais, je crois, continue Barira. C'est le père d'Aïcha qui m'a rachetée à mon maître contre deux chamelles et un mulet. Enfin, je n'étais plus une esclave, mais une femme libre, libre d'aimer Mohammad – qu'Allah lui accorde la paix éternelle – et de propager à ses côtés la nouvelle religion qui m'avait sortie de l'esclavage. Quand il a épousé Aïcha, je suis entrée à son service. Voilà pourquoi j'ai toujours refusé de me marier.

Une épaisse fumée noirâtre envahit la pièce. Absorbée par le récit de Barira, j'ai laissé brûler une galette. Elle rit de mon étourderie. Nous sortons dans la cour pour nous aérer. La pluie a cessé, et le soleil de midi pointe son nez derrière la mosquée. Les pigeons s'ébrouent dans les flaques tièdes. Alors que je m'apprête à la quitter pour réfléchir à tout ce qu'elle vient de me raconter, Barira prend mes deux mains dans les siennes. Elle me regarde droit dans les yeux et déclare d'une voix solennelle :

– Je sais que dès que j'aurai le dos tourné, tu vas noter tout ce que je t'ai raconté. Je suis la doyenne de cette maison, j'ai connu le Prophète bien avant les gens qui aujourd'hui inventent des sornettes à son sujet. Si je parle peu de mes souvenirs, c'est que je n'ai pas envie qu'ils se transforment en contes à dormir debout, comme ceux que colportent les raconteurs d'histoires du souk.

Elle fait une pause, serre mes mains encore plus fort, puis reprend :

– Je te fais confiance, Omérah. Je suis certaine que tu écriras mot pour mot ce que je viens de te raconter. Comme cela, tous ceux qui liront un jour tes précieux écrits sauront vraiment comment est née notre religion.

Je la remercie et lui jure d'être toujours fidèle à sa parole. Je monte sur la terrasse. Je note scrupuleusement tout ce qu'elle vient de me raconter.

Le soir, en me couchant, j'entends encore la voix émue de Barira me répétant les paroles de l'Envoyé de Dieu : « Comme vous, mes frères et mes sœurs, je suis fils de la terre ocre et du ciel étoilé. » À travers la lucarne j'aperçois un morceau du manteau nocturne moucheté de perles scintillantes. Sans doute, de son palais de cristal soutenu par des colonnes d'or et d'argent, le Prophète veille-t-il toujours sur sa maisonnée.

Aïcha a dit...

C'est une femme qui a été le premier martyr de l'islam. Omérah, il faut que tu inscrives dans tes chroniques le nom de la courageuse Somia. Il faut que dans mille ou deux mille ans on se souvienne que c'est une mère qui, la première, a sacrifié sa vie pour Allah.

C'était à l'époque maudite où ceux des nôtres qui osaient affirmer leur foi étaient persécutés. Il y a près de La Mekke une plaine de roches si brûlantes que, si on y pose un morceau de viande, il cuit en quelques secondes. C'est là que les idolâtres traînaient les musulmans les plus vulnérables pour les torturer.

Un jour, l'infâme Abou Jahl, qui détestait le Prophète plus que tout au monde, fit capturer le jeune Amar et ses parents, Yasser et Somia. Dès que les gardes couchèrent l'adolescent sur la roche incandescente, son corps se tordit de douleur et se mit a crépiter. Abou Jahl le Terrible, qui ricanait, les yeux pleins de haine, avait juré de ne le libérer que s'il reniait Allah et son Apôtre. À ses côtés, sa mère, Somia, récitait des versets du Coran. Agacé, Abou Jahl lui ordonna de se taire si elle ne voulait pas périr elle aussi. Mais la mère courageuse se dressa et lança au visage du tortionnaire de son fils : « Allah Akbar ! Allah Akbar ! Allah Akbar !... » Alors, excédé par la force de Dieu, qui dictait à cette femme une prière ultime, l'infâme saisit sa lance et transperça le cœur de Somia.

13

Je commence par la terrasse. Je roule le tapis bleu, regarde derrière les jarres, plonge le bras dans le réservoir d'eau, fouille le feuillage du citronnier. Je passe ensuite la cuisine au peigne fin pendant que Barira est au marché. Je profite de l'absence d'Aïcha et d'Aswad pour terminer mon inspection. Je file dans notre chambre, soulève nos matelas, inspecte les coffres pleins de vêtements. Je poursuis par la salle commune, que je mets sens dessus dessous. J'arpente la cour, fais le tour de la mosquée. Je finis en examinant le foyer des petits, déserté à cette heure de la journée. Nulle omoplate à l'horizon.

Que vais-je devenir ? Vais-je devoir avouer à la Mère des croyants que j'ai égaré un texte essentiel du Prophète, au risque de perdre sa confiance ? Et si elle le savait déjà ? Si Aswad lui avait tout raconté ?

Assise sur un banc de la cour, je cache mon visage dans mon ample robe et je pleure. Autour de moi, les femmes, qui font bouillir des tissus pour les teindre, ignorent ma tristesse. Sur les marches de la mosquée, quatre gamins caracolent sur des chevaux de poussière. Ils imitent l'attitude du Prophète et de ses nobles compagnons, montés sur leurs fiers destriers.

Je les regarde jouer et oublie un instant mes soucis. Je sèche mes yeux. Pour m'occuper l'esprit, je vais mettre de l'ordre dans la nouvelle salle de classe, construite grâce au père d'Aswad. Assise sur l'estrade, je contemple l'alignement des petits bancs de bois. J'imagine des dizaines de têtes, les yeux levés vers le ciel, qui ânonnent les versets que je leur ferai un jour répéter. Je ferme les yeux un instant et je crois les entendre. Comme je les entends souvent répondre aux questions du maître qui s'occupe de la classe des petits. Y a-t-il rien de plus beau qu'un enfant qui récite les doux versets du Saint Coran ?

Apaisée, je vais retrouver Barira. Arrivée à l'entrée de la cuisine, je vois à travers le rideau qu'elle n'est pas seule. Abdoullah ibn Zoubeir est assis sur une natte, un gobelet à la main. Avant d'entrer, j'essuie la sueur de mon front et les larmes de mes joues. J'arrange mes cheveux et vérifie s'il n'y a pas de tache d'encre sur ma robe. Je ne veux pas avoir l'air d'une sauvageonne. Dès que je pénètre dans la pièce, le neveu d'Aïcha se lève, un immense sourire aux lèvres :

– Bonjour à toi, Omérah ! Comment se porte la maisonnée de ma noble tante ?

– Bien, cher Abdoullah ibn Zoubeir. Que nous vaut l'honneur de ta visite ?

– Je suis de retour de Damas. Comme tu le sais, je suis chargé de surveiller l'éducation d'Aswad. Son père veut savoir s'il s'adapte bien à la vie à Madinat al Rassoul. Cela fait presque un an qu'il vit avec vous. Tient-il ses promesses et fait-il honneur à la demeure du Prophète ?

Confuse, je ne sais que répondre. Barira, qui s'est mise à l'écart, observe la scène du coin de l'œil. Voyant que je suis troublée, elle lance avec un rire moqueur :

– Ton jeune coq, cher Abdoullah, s'adapte très bien à notre maisonnée ! S'il continue ainsi, il sera bientôt calife à la place du calife Omar, et il en remontrera aux plus savants docteurs de l'islam…

– Je pense que la mieux placée pour te parler des progrès d'Aswad, c'est Aïcha, dis-je pour couper court à ces sarcasmes. Ta tante et Aswad sont en visite, ils ne vont pas tarder à rentrer.

Au retour d'Aïcha et d'Aswad, je me retire sur la terrasse. De mon poste d'observation, j'entends les exclamations de joie d'Aswad et les remerciements polis de notre mère. Car Abdoullah ibn Zoubeir n'est pas venu les mains vides. Le père d'Aswad l'a chargé d'un tas de cadeaux : deux beaux tapis de haute laine du Yémen, brodés d'inscriptions coraniques, des fioles de parfums rares, des amphores d'huile et des sacs d'épices multicolores pour Aïcha la Véridique. Le riche marchand de Damas n'a pas oublié son fils chéri. Outre une écritoire en ébène, il a eu droit à un nouveau calame, incrusté d'ivoire, une tunique bleue, assortie à un manteau brodé d'or, une caisse de dattes et un énorme pot de miel, dont il est très friand.

– Comme le Prophète ! dit Aïcha en riant.

Je les guette à travers le feuillage du citronnier. Installés devant la cuisine, à l'ombre de la treille, ils bavardent.

– Aswad est un élève sérieux et serviable, commence Aïcha. Il récite le Coran comme un maître et connaît les quatre-vingt-dix-neuf noms de Dieu par cœur. Il aura donc une place réservée au Paradis. Son père peut être fier de lui. Il fait honneur à mon école.

Le jeune Syrien sourit de toutes ses dents. Abdoullah aussi.

– Parfois, c'est vrai, il s'emporte et prête au Prophète des pensées qu'il n'a jamais eues, continue Aïcha. Mais je crois que, s'il suit mes conseils et ceux de sa grande sœur Omérah, il reviendra dans le droit chemin du message d'Allah, n'est-ce pas, Aswad ?

Le garçon baisse la tête, les doigts crispés sur le magnifique calame qu'on lui a offert :

– Je suis désolé. Je jure de ne plus écouter les balivernes des charlatans et des magiciens. Je suis tellement heureux auprès de vous !

Pour le rassurer, Aïcha demande à son neveu de ne pas répéter au père d'Aswad ce qu'elle vient de lui dire :

– Va donc étrenner ton beau calame, dit-elle au jeune Syrien, qui se retire, soulagé.

De mon poste d'observation, je ne peux entendre la conversation entre la tante et le neveu, qui parlent maintenant à voix basse. Seule sur la terrasse où j'aime me réfugier pour réfléchir, je fixe le ciel rose qui annonce le crépuscule. C'est l'heure où les paysans rentrent des champs avec leurs bêtes chargées de bois et de légumes. Dans les jardins alentour, les ramiers ont de langoureux accents. Les ibis bleus survolent la ville pour aller boire dans les rares flaques laissées par la pluie. Près du souk déserté, les mendiants répètent pour la dernière fois de la journée : « À la gloire de Dieu », en espérant récolter encore quelques piécettes. C'est l'heure où les orphelins regagnent le foyer de l'école d'Aïcha pour le repas du soir.

Scrutant le ciel qui vire au mauve, je me sens soudain seule. Que je suis loin d'Aswad et de ses cadeaux magnifiques, moi, l'orpheline qui ne connaît pas les richesses et les parfums de la Syrie et de la Perse ! Mélancolique, je me plonge dans mes exercices d'écriture quotidiens après avoir fait ma prière en solitaire. Au-dessus des toits, le ciel est comme un voile qui s'embrase de mille reflets rougeoyants.

Aïcha a dit…

L'Envoyé de Dieu aimait par-dessus tout les femmes, les parfums et la prière. Il s'est enivré de la beauté des femmes, car, disait-il, Dieu est beau et aime la perfection physique. S'il nous a interdit de nous raser la tête et de porter perruque, comme le font les juives, de nous épiler les sourcils, de nous limer les dents ou de nous couvrir la peau de tatouages, comme le veut la coutume bédouine, c'est parce que la beauté de la femme doit demeurer naturelle. Nous pouvons toutefois nous teindre les cheveux au henné. Les Anciens n'appelaient-ils pas cette plante magique, qui transforme nos chevelures en buissons en feu, « la terre du Paradis » ?

Tu ne peux imaginer, Omérah, comment on traitait les femmes avant l'islam ! Avoir une fille était une honte. On allait même jusqu'à enterrer vivantes les petites filles jugées trop nombreuses. Heureusement, ces pratiques barbares ont été abandonnées dès que le Prophète a pris la tête de notre communauté. Il a également interdit les mariages forcés et a donné à la femme le droit d'hériter d'une fortune et de la gérer comme elle l'entendait.

Ces nouvelles règles de vie, bientôt devenues des lois, n'ont pas été acceptées facilement par les compagnons du Prophète, qui avaient pris l'habitude de se comporter avec leurs épouses comme avec leurs esclaves. Ils s'étonnaient de me voir parler avec mon Époux d'égale à égal. Les hommes de son entourage avaient du mal à accepter qu'une femme puisse tenir tête à un homme.

Le Prophète avait fort à faire pour arbitrer les querelles entre ses femmes, chaque épouse défendant ses droits face à ses rivales. Et je ne parle pas des concubines du Prophète, qui vivaient à part, dans les faubourgs de la ville ! Parfois, Mohammad – qu'Allah lui accorde la paix éternelle – devait arbitrer nos différends. Il nous arrivait aussi de faire front commun pour convaincre notre Époux de nous donner raison. Une fois même, la querelle a failli mal tourner. Tu as dû entendre parler de cette histoire. Pendant un mois, il a fait la grève du lit et menaça de toutes nous répudier...

Mais le plus souvent la bonne humeur régnait dans la demeure de l'Envoyé de Dieu. Les éclats de rire qui s'échappaient de nos fenêtres choquaient les plus austères de ses amis. Mais lui préférait vivre dans une maison pleine de rires, de chants et de femmes heureuses.

Je dois t'avouer une chose, Omérah. Parmi les femmes du Prophète, je n'ai été jalouse que d'une seule : Khadija, qui restera à tout jamais sa première épouse et la première musulmane. S'il m'arrivait de faire une remarque désagréable à son sujet, mon Époux m'ordonnait de me taire. Je lui ai demandé un jour pourquoi il ne cessait de parler de cette vieille femme morte depuis longtemps alors qu'il avait une ribambelle de jolies épouses. Il m'a répondu, les larmes aux yeux :

– Khadija est la meilleure des femmes. Elle m'a aidé quand les gens de La Mekke me persécutaient. Elle a cru en moi alors qu'on disait que je n'étais qu'un menteur et un fou. C'est de son ventre que sont sortis tous mes enfants !

Tout bon musulman, tu le sais, doit respecter la femme comme son égale. Le Prophète aimait à rappeler que le meilleur des hommes est celui qui est bon envers sa femme et que le paradis se cache sous les pieds des mères. Il recommandait aux hommes en âge de se marier de bien traiter leur futures femmes, d'être bons et généreux avec elles. Je me souviens, une fois, un paysan embarrassé est venu le consulter pour savoir comment il devait diriger sa famille. J'ai encore en mémoire la réponse exacte de mon Époux :

« L'homme est un berger pour sa famille. Il en est responsable. La femme est une bergère pour la maison de son époux. Elle en est responsable.

L'esclave est le berger des biens de son maître, et il en est responsable. Dans la communauté des croyants, chacun de nous est un berger et chacun de nous est responsable. »

Alors que je termine de recopier la belle citation du Prophète, Abdoullah vient me rejoindre. Il me demande la permission de s'asseoir près de moi. Je pose mon écritoire et glisse mon calame dans son étui. Il me regarde faire sans un mot. Comme s'il était intimidé de se retrouver seul avec moi. Je n'ose rien dire, moi non plus.

Âgé de vingt ans, le neveu de la Mère des croyants est un beau jeune homme aux yeux noirs et aux mains fines qui ressemblent à celles d'une fille. Il a belle allure dans sa longue tunique blanche et ses sandales de cuir. Il est assis à quelques centimètres de moi. Je sens le parfum d'ambre, dont il s'est enduit les cheveux, couverts d'un turban violet à la mode mekkoise.

– Sais-tu qu'on parle de toi jusqu'à La Mekke, Omérah ?

– Tu plaisantes ! Qui pourrait s'intéresser à une pauvre orpheline ansârite ?

– Sur la place de la Kaaba, chacun loue la science coranique et le dévouement de la secrétaire particulière de ma tante… euh…, je veux dire de sa fille. Nous sommes tous impressionnés par le travail que tu effectues en consignant avec soin les précieux souvenirs de l'épouse préférée de Mohammad – qu'Allah lui accorde la paix éternelle.

C'est la première fois qu'Abdoullah me tient un tel discours. Il fouille dans son sac et me tend un coffret en bois de santal :

– Je t'ai apporté un cadeau. Je l'ai choisi spécialement pour toi chez un marchand de Gaza, en Palestine. C'est une surprise. Tu l'ouvriras quand tu seras seule.

Confuse, je serre le boîtier odorant entre mes doigts :

– Pourquoi ?… Merci ! ai-je à peine le temps de murmurer.

Il n'est déjà plus là.

14

Pendant plusieurs minutes, le cœur battant, j'observe le coffret décoré de pierreries bleues et jaunes. Je ne sais pourquoi, je n'ose l'ouvrir. Je me demande si Aïcha, Aswad et Barira sont au courant du présent qu'on vient de me faire, ou s'il s'agit d'un secret entre Abdoullah ibn Zoubeir et moi. Pourquoi m'offre-t-il un cadeau ? Pourquoi m'a-t-il demandé de l'ouvrir quand je serai seule ? Assise sous le citronnier qui balance ses branches au vent du soir, je scrute l'obscurité. Mille questions se bousculent dans ma tête. Comme si je sentais qu'il venait de se passer quelque chose d'important. Quelque chose qui pourrait changer ma vie.

Une semaine après la visite de son neveu, Aïcha tombe malade. Sa sœur Asma s'installe chez nous pour la soigner. Pendant plusieurs jours, la Mère des croyants doit garder le lit, affaiblie par une forte fièvre qui l'épuise. Elle me charge donc de faire la classe. Pour la première fois, je vais me retrouver seule, face à une cinquantaine d'élèves. La nuit précédant mon premier cours, je m'endors difficilement. Je fais défiler dans mon esprit les thèmes que je vais aborder pendant ma leçon. Je pense à Aswad, qui sera présent, et qui guettera la moindre de mes erreurs. Je songe aux adultes, qui se moqueront peut-être de cette gamine qui prétend remplacer la Mère des croyants.

Le matin, après avoir demandé à Allah de m'assister dans la lourde tâche qui m'attend, je serre dans mes mains, pour me donner du courage, le magnifique collier d'onyx que m'a offert Abdoullah. Je caresse la petite chaîne en or fin et admire les nuances de couleur de la pierre précieuse, jaune, froide comme la lune. Avant l'arrivée des élèves, je vais rendre visite à ma mère. Le front masqué par un cataplasme d'argile, Aïcha se repose, les yeux clos, les lèvres pâles :

– Ne t'inquiète pas, ma fille. J'ai simplement abusé ces dernières semaines des forces que nous accorde Allah. Quelques jours suffiront pour que la fièvre disparaisse. Asma connaît le secret des plantes qui guérissent. Va accueillir tes élèves que j'entends piaffer dans la cour. Je suis tout près de toi.

Quand je m'assieds en tailleur sur le tapis d'Aïcha, j'ai l'impression qu'une autre Omérah naît sous ma robe de coton rose. « Tu te rends compte, Omérah l'Ansârite, me dis-je en déroulant une peau couverte de mon écriture ; dans un instant, tu vas parler à la place d'Aïcha pour la première fois. C'est toi qui diras les paroles du Prophète qu'elle t'a transmises avec patience et générosité. » Je me demande si je ne rêve pas. Toute tremblante, je pose mes yeux sur les enfants qui occupent le moindre recoin de la pièce. Je recherche Aswad. Il n'est pas là. Depuis notre dispute, nous nous évitons. Mais pourquoi m'en veut-il autant ?

Je respire profondément et commence la classe par la traditionnelle *chahada* :

– Répétez après moi : « Il n'y a pas d'autre Dieu qu'Allah, et Mohammad est son Messager ! »

Je frissonne en entendant le chœur des enfants reprendre d'une seule voix la profession de foi musulmane :

– Il-n'y-a-pas-d'au-tre-Dieu-qu'Al-lah…

À la fin de ma première leçon, je sors dans la cour. J'aperçois Aswad, assis sur un banc près de la porte. Il a préféré assister à la classe de l'extérieur, avec les quelques vieillards qui se sont déplacés tout en sachant que la Mère des croyants était souffrante. Sans lui prêter attention, je discute avec Fatma, qui fait la cuisine pour les petits élèves sans famille. Je l'accompagne à la réserve pour vérifier les stocks de semoule, de viande et de fruits secs. Je vais ensuite me reposer sous la treille chargée de grappes de raisin.

Aswad sort de la mosquée et vient me rejoindre. En le voyant approcher lentement, je remarque qu'il a grandi. Il n'est plus le petit garçon timide, arrivé chez nous il y a plus d'un an. Son visage est plus anguleux, ses yeux plus durs, sa démarche plus assurée. Il dit :

– Ton rire et tes belles histoires me manquent, grande sœur !

Même sa voix a changé. C'est aujourd'hui celle d'un homme.

– Je regrette mes paroles blessantes, poursuit-il. J'ai d'ailleurs promis à notre mère de m'améliorer. J'ai encore tant de choses à apprendre avant d'être un bon musulman !

Je reste muette. Une nouvelle fois Aswad me surprend. Je pense alors aux généreuses paroles du Prophète : « Désire pour ton prochain ce que tu désires pour toi-même. » Je fais donc la paix avec lui. L'après-midi même, il part à son tour à la recherche de l'omoplate manquante.

Depuis quelques jours, on ne parle que de moi dans toute la ville. On se presse désormais pour écouter la remplaçante d'Aïcha. Ma mère se remet peu à peu. Le quatrième jour, presque rétablie, elle assiste à ma classe, postée derrière le rideau de sa chambre sans que je le sache. À la fin de ma leçon, elle vient me serrer dans ses bras. Heureux de la voir enfin guérie, les femmes et les enfants poussent des youyous stridents. Abdoullah est également présent. Il est venu spécialement de La Mekke pour prendre des nouvelles de sa tante. Lui aussi me félicite. Je remarque qu'il observe mon cou pour voir si je porte le beau collier d'onyx qu'il m'a offert.

15

La cour est noire de monde. Hommes, femmes, vieillards et enfants, tous attendent avec impatience la venue du calife Omar. Avant de partir en campagne, le chef suprême de notre religion rend une visite de courtoisie à l'épouse préférée du Prophète. Il veut s'assurer qu'elle est complètement rétablie. Pour l'occasion, j'étrenne une robe verte décorée de broderies rouges. Je porte aussi le beau collier d'Abdoullah. J'espère qu'il sera présent pour voir combien je suis fière de son cadeau.

Aswad, lui aussi, est tout excité à l'idée d'approcher le Commandeur des croyants. Il s'est levé à l'aube pour se laver les cheveux et enfiler la dernière tenue d'apparat que son père lui a offerte. Seule Barira semble indifférente à tout ce remue-ménage.

– Omar n'est-il pas, comme toi et moi, une simple créature d'Allah, née du ventre d'une Bédouine ? me dit-elle alors que j'ajuste ma toilette en me mirant dans une bassine d'eau claire.

C'est à l'heure du midi, sous un soleil de plomb, qu'Omar le Magnifique fait son entrée à cheval dans notre cour. Sa cape noire traîne presque par terre. Il est accompagné de ses conseillers et de plusieurs chefs de tribu, venus eux aussi saluer respectueusement Aïcha. Une tente de cuir vert a été dressée devant la mosquée. À la demande d'Aïcha, je m'installe à ses côtés ; la Mère des croyants veut garder une trace écrite de la rencontre. Hafsa, la fille du calife, a pris place auprès de son amie Aïcha, parmi Oum Salama, Safia, Maïmouna, Sadwa…, les autres veuves du Prophète. Drapées dans leur hidjab, elles ressemblent à des fantômes sans âge. Tous saluent celles qui ont eu l'honneur de partager l'intimité de l'Annonciateur.

Après les interminables politesses, le repas est servi à nos hôtes. Fidèle à l'usage en vigueur dans la maison de l'Envoyé de Dieu, Aïcha a fait préparer des mets simples : un bol de *harira,* la soupe de farine d'orge au lait, du chameau grillé, des dattes et des figues sèches. Une fois la dernière bouchée avalée, chacun se lèche les doigts avant de s'essuyer les mains comme le faisait le Prophète. Omar fait alors entendre un rot qui signifie qu'il est rassasié et que la table d'Aïcha est bonne. L'assistance lui répond en chœur par un joyeux : « Qu'Allah te soit clément ! »

Tandis que l'on retire les plats vides et que le thé brûlant est servi, Omar questionne Aïcha sur son école. Il désire tenir compte de ses conseils pour implanter dans toute l'Arabie des écoles coraniques. Ainsi les enfants vivant dans les oasis les plus lointaines pourront s'instruire à partir de l'enseignement du Prophète et de la parole d'Allah :

– Trop de charlatans dénaturent, sur nos places publiques et au seuil de nos mosquées, les préceptes de notre religion, ne crois-tu pas, ô Aïcha la Véridique ?

– Je le regrette tout autant que toi. C'est pourquoi, depuis plusieurs années, je me suis donné pour mission de propager l'authentique message de l'islam, répond Aïcha.

– Je sais qu'on vient de loin pour écouter tes sages paroles. Depuis que tu as ouvert ton école, Madinat al Rassoul est devenue le centre de l'enseignement de l'islam.

– Mon amie Aïcha a une incroyable mémoire, mon père, intervient Hafsa. Elle se souvient dans le moindre détail des paroles et des actes de notre époux commun.

Alors qu'il est bientôt l'heure de se quitter, le calife pointe son doigt dans ma direction :

– La jeune fille à tes côtés, ô Mère des croyants, manie le calame avec plus d'aisance que mes secrétaires, qui sont pourtant d'habiles calligraphes. N'est-ce pas cette orpheline ansârite dont on m'a parlé et à qui tu as tout appris ?

– Omérah est aujourd'hui ma fille et ma plus fidèle collaboratrice, répond Aïcha avec fierté. Depuis plusieurs mois, elle consigne mes souvenirs et les traditions qui serviront à propager notre religion, toujours plus loin…

– Ne pourrait-elle pas nous aider à établir la version définitive du Saint Coran ? Tu n'es pas sans savoir que ton père a chargé le savant Zeid ben Tsâbit de rassembler l'ensemble des Révélations. Omérah pourrait vérifier l'exactitude de sa transcription. Il est important que le Coran reflète exactement la parole de Dieu telle qu'elle a été transmise par ton Glorieux Époux.

Je rougis de confusion. Ai-je bien entendu ? Le calife lui-même demande que je participe à l'établissement du Livre Sacré de l'islam. Les deux secrétaires d'Omar s'arrêtent d'écrire. Sans doute pensent-ils qu'il ne vaut pas la peine de rapporter dans les actes officiels du Guide suprême de notre religion les quelques paroles qu'il a daigné adresser à une jeune orpheline née dans le désert.

J'aperçois soudain Abdoullah dans l'assistance. Il fixe en souriant le collier que j'entortille autour de mes doigts pour masquer ma nervosité. Je suis soulagée quand l'appel du muezzin se fait entendre et que la foule se dirige vers la mosquée pour la prière. Les hommes s'installent devant. Viennent ensuite les enfants. Les femmes coiffées d'un fichu prennent place au fond de la mosquée.

Car dans notre religion, par respect pour la femme, naturellement pudique, hommes et femmes s'adressent à Allah séparément. Mais, comme l'a souvent dit le Prophète, leurs prières ont la même valeur.

Après la prière et les longs adieux, la cour se vide peu à peu. Abdoullah vient me complimenter :

– Omérah, tu es la fierté de la maison de ma tante ! Le calife t'a remarquée. Un grand destin t'attend, ô femme pleine de savoir…

Il hésite, baisse les yeux puis ajoute à voix basse :

– Tu es magnifique avec ton collier d'onyx.

– Merci pour ce beau cadeau que j'ose à peine porter tellement il est cher à mon cœur. Chaque jour, je l'admire dans son coffret, et j'ai du mal à croire qu'un tel joyau m'appartient.

– Tes beaux yeux, aussi noirs que la pierre sacrée de la Kaaba, sont des joyaux encore plus précieux. Je ne voudrais les perdre pour rien au monde !

Confuse, je me sauve en courant vers la cuisine d'où Aswad m'appelle. Je comprends que le neveu d'Aïcha ne s'adresse plus à la petite fille qui a trouvé refuge auprès de la Mère des croyants. C'est à la femme que je sens naître en moi qu'il parle. À cette pensée, je ressens un vertige troublant, qui ne s'évanouit qu'au milieu de la nuit dont les lueurs bleutées sont pleines de promesses imprécises.

Aïcha a dit…

Sais-tu, Omérah, comment mon père a acquis le surnom de Compagnon de la caverne ? C'est lui, et lui seul qui a accompagné le Prophète quand il a dû fuir La Mekke, parce que les autorités de la ville avaient décidé de le faire assassiner. Je me souviens du jour où Mohammad

– qu'Allah lui accorde la paix éternelle – est venu chez mon père pour organiser leur départ clandestin. Dès que la nuit est tombée, ils se sont échappés tous les deux par une fenêtre pour se rendre, sans éveiller les soupçons, jusqu'à une caverne, située à quelques kilomètres de La Mekke.

Dès qu'Abou Sofiane a appris que le Prophète lui avait glissé entre les mains, il a annoncé qu'il offrait une récompense de cent chamelles à qui ramènerait le Messager d'Allah, mort ou vif. Alors que des dizaines d'hommes fouillaient la ville et ses environs, les deux fugitifs attendaient patiemment que la vigilance se relâche pour quitter leur refuge. La nuit, mon frère Abdallah ou ma sœur Asma allait les ravitailler en secret. Un de nos bergers faisait paître notre troupeau devant l'entrée de la grotte afin que les deux hommes puissent s'abreuver de lait de brebis.

Le deuxième jour, ils ont failli être découverts. Entendant des pas hostiles gravir la colline où se trouvait leur cachette, Mohammad – qu'Allah lui accorde la paix éternelle – pria le Très Grand de leur donner sa protection. Aussitôt, un buisson planté près de la caverne déploya ses branches, qui obstruèrent l'entrée du refuge. En quelques instants, une araignée y tissa une toile géante. Un pigeon fit son nid dans le branchage et pondit deux œufs prêts à éclore.

Quand les chasseurs de tête parvinrent devant la grotte, les deux protégés d'Allah retinrent leur souffle. Un des hommes voulut fouiller la place ; un autre lui dit alors que ce n'était pas la peine. Qu'il était impossible que quelqu'un se fût faufilé dans ce trou minuscule sans détruire la toile d'araignée et casser les œufs encore chauds. Ils repartirent donc en maugréant.

Ainsi Allah a veillé sur la fuite de ses deux nobles serviteurs.

La troisième nuit, ils quittèrent leur abri et firent route vers Yathrib, où les attendaient les premiers musulmans, arrivés quelques jours plus tôt.

C'est depuis ce jour, Omérah, qu'Abou Bakr, mon père, porte le surnom de Compagnon de la caverne. Tu peux noter cette histoire, qui fera sans doute rêver les petits musulmans des générations futures.

16

J'adore aller au bain avec Aïcha et Barira. Nues, telles qu'Allah nous a créées, nous nous frottons mutuellement le corps afin d'en faire sortir toutes les impuretés. Barira me masse le dos avec vigueur. Aïcha applique du henné sur mes mains et la plante de mes pieds. Elle aime que je la coiffe tandis que la vieille servante lui frictionne les jambes avec de l'huile d'amande douce.

– Le Prophète aimait aussi que je lui masse les pieds quand il revenait de voyage, murmure Aïcha.

– Je me souviens qu'il appréciait également que tu lui caresses les cheveux lorsqu'il se reposait sur le pas de la porte de ta chambre, ajoute Barira.

Aïcha rit en évoquant le souvenir des jours heureux auprès du Messager d'Allah :

– Te rappelles-tu que cela choquait les compagnons du Prophète de le voir si détendu, la tête sur mes genoux, tandis que je passais un peigne dans sa longue chevelure ?

Barira hoche la tête. Elle continue à me masser avec application.

– Ils pensaient sans doute qu'il n'est pas convenable que l'Envoyé de Dieu se laisse aller aux plaisirs de la vie, dis-je, le souffle coupé par le martèlement des mains de Barira sur mon dos.

– Pourtant, mon Époux n'a jamais prétendu être autre chose qu'un simple mortel, choisi par Dieu pour devenir son intermédiaire auprès des hommes. Tu sais, Barira, combien il aimait la vie. Allah ne nous a jamais commandé de bannir la joie et les petits bonheurs de notre existence.

Dans la pièce obscure, nos corps disparaissent dans la vapeur opaque. Assises sur de petits bancs, nous suons à grosses gouttes. J'ai l'impression de flotter dans le brouillard. J'aperçois, se détachant dans la semi-obscurité telles deux outres pleines, les lourds seins de l'Abyssinienne. À côté, la peau claire et lisse de ma mère semble presque irréelle. De temps en temps, Barira verse sur nos épaules de l'eau froide pour rafraîchir notre peau brûlante. Je remarque parfois le regard des deux femmes se poser sur ma silhouette hâlée, qui n'est plus celle de la fillette que j'étais encore il y a quelques mois. Il me semble que, chaque jour, je me transforme aussi de l'intérieur. La gamine que j'étais s'évapore peu à peu, et une nouvelle Omérah se réveille un peu plus chaque matin.

Après le passage dans le bain de vapeur, nous nous reposons sur des nattes, le corps enduit de pommade au jasmin. Je ferme les yeux et le hammam se transforme en jardin aux mille parfums. Je suis heureuse auprès des deux êtres que j'aime le plus au monde. Tandis que je sombre dans une douce rêverie, j'entends les voix de mes deux compagnes qui discutent avec animation :

– Omar était moins fier quand il était un simple compagnon de l'Envoyé de Dieu et qu'il venait partager avec nous les galettes d'orge et le lait de chamelle ! T'en souviens-tu, Barira ?

Dans mon demi-sommeil, le rire sonore de l'Abysinienne dégringole comme une cascade cristalline. Bientôt, les paroles des deux femmes se perdent contre les murs blancs de la salle de repos.

Quand je me réveille, j'entends toujours les deux voix familières à côté de moi. Mais le ton a changé. Il est plus grave. Aïcha parle tout bas :

– As-tu remarqué le magnifique collier que portait Omérah lors de la visite du calife ? Je le voyais pour la première fois. Je me demande qui a bien pu lui offrir un tel bijou…

Allongée à quelques centimètres des deux femmes, je garde les yeux fermés, essayant de contrôler ma respiration…

– Je crois que c'est un cadeau de ton neveu, répond encore plus doucement Barira.

– Ah ! Je comprends mieux pourquoi il nous rend si souvent visite depuis quelque temps ! Moi qui pensais qu'il venait prendre des nouvelles de son protégé et de sa chère tante…

Après une pause, elle ajoute :

– C'est vrai qu'Omérah est une belle jeune fille. J'espère que ce collier lui portera plus de chance que celui que m'a offert mon Époux…

Elle se tait de nouveau, comme si elle attendait une réaction, qui ne vient pas.

– Je suis certaine que mon neveu serait un bon époux pour elle, continue-t-elle. Qu'en penses-tu ?

– *Inch'Allah* ! S'il plaît à Dieu ! se contente de répondre la vieille servante en se levant pour plier sa natte.

– Omérah, Omérah ! Réveille-toi. Tu t'endors pendant la journée maintenant ! Voilà ce que c'est que de passer ses nuits à écrire sur la terrasse ! Nous rentrons.

En découvrant le large sourire d'Aïcha penchée sur moi, je me demande si la conversation que je viens d'entendre est réelle ou si j'ai rêvé.

Aïcha a dit…

Je garde depuis des années, au fond de mon coffre, le collier d'onyx que m'a offert mon Époux en cadeau de mariage. Je ne le porte plus depuis l'incident à l'origine de la crise qui aurait pu changer ma vie et celle du Prophète. J'espère, Omérah, que le beau collier que t'a offert mon neveu te sera plus bénéfique.

À chacun des voyages de l'Envoyé d'Allah, une de ses épouses l'accompagnait. Le sort m'avait désignée ce jour-là, que je maudis entre tous. Je devais avoir à peine treize ans à l'époque. Lors d'une halte, deux soldats descendirent du dos de la chamelle la litière fermée dans laquelle je voyageais. Je m'éloignai pour satisfaire un besoin naturel. Au moment de regagner le campement, je m'aperçus que j'avais perdu mon beau collier d'onyx. Pendant de longues minutes, je le cherchais dans le sable, parmi les maigres buissons, angoissée à l'idée d'avoir égaré un si joli bijou.

Quand je regagnai le camp, heureuse d'avoir retrouvé le précieux cadeau de mon Époux, tout le monde était parti. Les gardes chargés de mon équipage avaient remis la litière sur ma monture sans remarquer que je n'étais pas à l'intérieur ! Nous mangions alors si rarement à notre faim que j'étais très légère ! Je tentai de me rassurer en me disant que l'on allait vite s'apercevoir de mon absence et que le Prophète enverrait quelqu'un pour me chercher. Épuisée, je m'allongeai sous un palmier et m'endormis bientôt dans le soleil couchant. Peu de temps après, je fus réveillée par Safwan, un jeune soldat de l'escorte de Mohammad – qu'Allah lui accorde la paix éternelle. Il me proposa de monter sur son chameau pour rejoindre au pas de course le reste de la troupe. Pudique, j'acceptai en serrant mon hidjab, frontière infranchissable entre moi et le monde.

Quand nous arrivâmes au campement, alors que la lune était déjà haute, tout le monde s'étonna de me voir descendre de la monture du brave Safwan. Dès que je pénétrai sous sa tente, le Prophète me posa mille questions sur mon absence. Dans sa voix, d'habitude si douce quand il me parlait, je sentis poindre la colère. Dès le lendemain, tout le campement commentait mon aventure. Mais c'est à notre arrivée à Madinat al Rassoul, où la rumeur, brûlante comme le vent du désert, nous avait précédés, que le scandale éclata.

Partout, sur les places, dans les ruelles du souk, et jusque devant la mosquée, les ennemis du Prophète s'en donnaient à cœur joie. Les pires calomniateurs furent les mounafikoums, *ces hypocrites qui adorent Allah par intérêt. Ils profitèrent de l'occasion pour salir ma réputation et faire du mal à mon Saint Époux. On racontait que l'histoire du collier perdu n'était qu'un prétexte et que l'épouse préférée du Messager de Dieu avait fauté avec un jeune et beau soldat. Ali, le mari de Fatima, la fille du Prophète, lui a même conseillé de me répudier pour apaiser la rumeur publique.*

Cloîtrée dans ma chambre, je ne pouvais ignorer les racontars qui venaient se planter dans ma porte tels des poignards acérés. Brûlante de fièvre, je me tordais de douleur sur mon lit, au grand désespoir de ma sœur Asma qui veillait sur moi jour et nuit. Je m'inquiétais surtout des sentiments de mon Époux. Depuis des semaines, il désertait ma couche. Je savais que, malgré l'amour et la confiance qu'il me portait, il était assailli par le doute. Face à la rumeur divisant notre communauté, il ne savait comment étouffer l'affaire qui empoisonnait le cœur des musulmans les plus sincères. Nuit et jour, j'implorais Allah d'envoyer un message du Ciel qui me disculperait au yeux de tous.

J'étais tellement désespérée que je songeai même à me tuer en me précipitant dans un puits. C'est alors que Dieu vint à mon secours. J'étais avec mon père, ma mère et mon Époux quand il eut la Révélation qui prouva mon innocence. Je dois la vie à ces quelques versets qui firent jaillir la lumière dans le cœur de Mohammad – qu'Allah lui accorde la paix éternelle :

« Pourquoi lorsque les fidèles ont eu vent de cette rumeur,

Ne se sont-ils pas écriés : "Mais c'est une affreuse calomnie" ?...

Si les calomniateurs ne sont pas capables de produire quatre témoins, ils sont des menteurs au regard de Dieu...

Ceux qui sèment le trouble parmi les croyants auront à subir un châtiment terrible, ici-bas et dans l'autre monde... Allah sait ce que vous ne savez pas. »

Quatre-vingts coups de fouet, c'est le châtiment qu'infligea mon Époux à ceux qui avaient injustement sali mon honneur. J'entends encore les cris des mounafikoums fouettés devant la mosquée. Seul Ali fut épargné parce qu'il était le gendre du Prophète.

Je lui en voudrai jusqu'à ma mort d'avoir déversé sur moi les pires insultes. Je sais qu'un jour Allah le punira.

17

Cette année, le ramadan coïncide avec la saison chaude. Dans la ville, où nul souffle de vent ne circule, l'air est irrespirable. Les habitants, comme pétrifiés par la chaleur, se réfugient au fond des maisons pour trouver un peu de fraîcheur. Les boutiques et les étals du marché ne s'animent qu'à la fin du jour, quand le muezzin annonce la rupture du jeûne sacré.

Aïcha a donné congé à ses élèves pour se consacrer presque exclusivement à la prière. Depuis une semaine, Aswad est parti voir sa famille en Syrie.

Tandis que Barira fait la sieste, je mets de l'ordre dans mes écrits. Pour ne pas déranger ma mère, qui récite le Coran dans sa chambre, j'ai transporté dans la cuisine les omoplates et les peaux de mouton sur lesquelles je note depuis presque un an ses souvenirs. Je numérote les récits d'Aïcha, du plus ancien au plus récent. Je classe à part les sourates du Saint Coran, que j'ai recopiées à partir des transcriptions originales laissées par les compagnons et les secrétaires du Prophète. Ils ont recueilli la parole de Dieu directement de ses lèvres… Ce sont les textes les plus précieux, ceux que j'apprends tous les soirs avant de m'endormir.

Le lendemain, je les récite à ma mère pour vérifier si la nuit ne les a pas emportés dans le tourbillon de mes rêves. Parfois, elle corrige ma prononciation. Elle me demande de ralentir le rythme. « Il est important que tu scandes les versets à la manière ancienne. Comme ils ont été révélés à mon époux », insiste-t-elle. Je rassemble également les hadiths, les règles de vie, les déclarations édifiantes et les témoignages laissés par le Prophète pour guider la cohorte des croyants. Je les relis à voix basse jusqu'à ce que j'arrive à la phrase essentielle, dont j'ai perdu la suite : « Pour que vous compreniez quelle place j'occupe parmi les autres prophètes de la terre, imaginez un homme qui a fait construire un palais splendide… »

Depuis des semaines, je cherche en vain avec Aswad l'omoplate sur laquelle j'ai inscrit la citation complète du Prophète. Je n'ose toujours pas parler de mon étourderie sacrilège à Aïcha la Véridique. Chaque nuit, je me torture l'esprit. J'espère ardemment que ma mémoire va faire jaillir, dans un éclair, la parole manquante. Parfois, je pense que c'est une épreuve envoyée par Allah. Ou alors un mauvais coup d'Iblis, le diable, qui tente de me détourner de la voie tracée par Mohammad – qu'Allah lui accorde la paix éternelle.

Seule face à mes responsabilités, je songe à Aswad qui s'en est allé, le cœur léger, dans sa luxueuse maison de Damas. Je l'imagine, racontant avec fierté à sa famille sa vie auprès de la vénérable veuve du Prophète. Je me demande s'il parle de moi. Je repense aux paroles blessantes qu'il m'a crachées au visage il y a seulement quelques semaines. Même si j'ai fait mine de lui pardonner, il y a dans un coin de mon cœur une cicatrice qui ne se refermera jamais. Et si Barira avait raison ? Habitué depuis sa naissance à vivre comme un pacha, il semble parfois mépriser notre modeste vie. Il ne cesse de rabaisser les femmes, qu'il traite comme le faisaient jadis nos ancêtres bédouins. Pourtant il vénère sincèrement Aïcha. Et quand il psalmodie le Coran et que sa voix résonne dans la mosquée, les larmes baignent les yeux des fidèles, qui croient entendre la musique du Ciel.

Aswad a-t-il deux visages ? Et si c'était lui qui avait dérobé l'omoplate manquante ? Je me rends soudain compte qu'il n'y a qu'un seul endroit que je n'ai pas fouillé : le coffre où il range ses vêtements et son écritoire. Même si je sais que je n'en ai pas le droit, une force obscure me dicte d'aller l'inspecter. C'est la seule manière de savoir si Aswad m'a trahie !

Alors que la maison est toujours plongée dans le silence, je sors dans la cour noyée de soleil. Je me dirige vers la pièce qui est à la fois la chambre du jeune Syrien et la salle de classe. Prise de vertige, j'hésite un instant sur le pas de la porte. Je ne sais si c'est l'angoisse ou la faim qui me rend aussi faible, comme anéantie. Mes lèvres sèches ont un goût amer. Ma gorge est un puits tari. Une cruche d'eau fraîche me ferait tellement de bien ! Mais il n'est pas question d'enfreindre les règles du ramadan, qui interdit de manger et de boire du lever au coucher du soleil.

Peu à peu, ma respiration, qui s'était accélérée, retrouve son rythme normal. Est-ce qu'Allah approuve ce que je vais faire ? Mais c'est plus fort que moi ; je veux en avoir le cœur net. Je pénètre donc dans la pièce plongée dans l'obscurité. Entrés pour se protéger du soleil, deux chevreaux sont couchés sur la terre battue. Leurs petits yeux brillants m'observent. Ils seront les seuls témoins d'un acte dont je ne suis pas très fière. J'ouvre le coffre recouvert d'une lourde couverture rouge. Une douce odeur de santal remplit l'air. Mon cœur bat la chamade tandis que je sors un à un les objets appartenant à Aswad : sa tunique verte, une petite boîte en feuilles de palmier tressé dans laquelle il range son argent, une belle écritoire en bois précieux, plusieurs calames, un flacon d'encre, la petite cape rouge qu'il portait le jour de son arrivée…

J'ai presque vidé le coffre quand je remarque une épaisse sacoche de cuir, pareille à celles que portent les chameliers. Je la saisis, et il me semble que ma poitrine va s'ouvrir et mon cœur en jaillir, tellement il bat fort contre ma peau. Je ferme les yeux. Comme si au fond de moi un être invisible ne voulait pas que je voie la réalité en face. Quand je les rouvre, je découvre, entre mes mains, l'omoplate que je recherche depuis des mois !

« Pour que vous compreniez quelle place j'occupe parmi les autres prophètes de la terre, imaginez un homme qui a fait construire un palais splendide. Il l'a achevé et richement décoré, laissant seulement l'emplacement d'une pierre. Chaque fois qu'un visiteur pénètre dans le palais, il s'écrie : "Quel palais magnifique ! Dommage qu'il manque une pierre !" Sachez que je suis cette pierre. »

Les mains tremblantes, je remets les affaires d'Aswad à leur place et referme le coffre brutalement. L'objet tant désiré serré contre moi, je cours, haletante, vers la cuisine emplie d'une odeur de petit-lait. Barira est en train de battre le beurre. Elle est surprise de me voir entrer en courant, défigurée par la colère et l'indignation.

– Que se passe-il, Omérah ? Aurais-tu rencontré un démon en plein jour ?

Plongée dans mes pensées, je ne réponds pas. Je serre toujours l'omoplate contre ma robe trempée de sueur. Je m'assieds sur le lit de la douce servante.

– Ton visage est aussi pâle que le maigre lait de nos chèvres ! Est-ce le ramadan qui t'épuise par ces grosses chaleurs ? reprend-elle.

Je fais non de la tête. Soudain, je ne peux plus retenir le torrent de larmes qui veut franchir le barrage de mes yeux et j'éclate en sanglots.

– Il faut épargner tes forces, ma fille. Sèche tes larmes qui pourraient se glisser entre tes lèvres et te faire rompre le jeûne bien malgré toi ! Que se passe-t-il donc ?

Elle me serre dans ses bras sans attendre une quelconque réponse. La tête enfouie contre la volumineuse poitrine de Barira, je me sens enfin en sécurité. Plus question de me torturer l'esprit ; je n'essaie plus de comprendre pour quelle raison Aswad, que je croyais mon ami et mon frère, a pu me mentir. L'essentiel est que j'aie retrouvé l'omoplate si précieuse. Tout à l'heure, je l'enfermerai avec le reste de mes écrits dans la chambre d'Aïcha. Dès demain, j'irai chez le forgeron pour qu'il me fabrique un cadenas.

Le soir, lors du repas de rupture du jeûne, je touche à peine au bouillon de viande et aux poivrons grillés qu'a préparés Barira. Tandis qu'elle bavarde avec Aïcha, qui s'informe des événements de la journée, je garde le silence, le regard vide, perdu dans les motifs du tapis. Même si j'ai décidé de ne plus me tourmenter à propos d'Aswad, qui va revenir dans quelques jours, je ne peux m'empêcher de penser à son acte impardonnable. Le visage fermé, j'écoute à peine ce qui se dit autour de moi.

– Demain, nous irons vérifier si les réserves de semoule et de viande séchée permettront de nourrir nos petits élèves jusqu'à la fin du ramadan, annonce ma mère.

– D'accord. Fatma m'a dit qu'il ne reste presque plus de figues et de dattes. Quant au lait, nos chèvres en sont avares en cette saison…

– Ne t'inquiète pas, Barira, Allah veille sur notre maison.

Puis, se tournant vers moi :

– Omérah, tu sembles fatiguée ce soir. Ton visage ressemble à un champ ravagé par la tempête. Ne serais-tu pas malade ? Tu sais que le Prophète a dispensé les malades, les voyageurs et les soldats en campagne de faire le ramadan. N'oublie pas qu'Allah demande à chacun de nous de faire des efforts sur lui-même. Mais il condamne ce qui est au-dessus des forces de l'homme. Va donc te reposer, ma fille.

Aïcha a dit...

La mère du Prophète se prénommait Amina. Elle n'a eu qu'un enfant qu'elle baptisa d'un nom prédestiné : Mohammad, le Loué. Son père, Abdallah, n'a jamais connu son fils. Il est mort au cours d'un voyage en Syrie. Comme le veut la tradition mekkoise, le bébé a été mis en nourrice dans une tribu installée tout près de La Mekke. C'est là qu'il grandit, chéri par sa nourrice, qui le gavait de lait de chamelle et de purée de courge. Mohammad – qu'Allah lui accorde la paix éternelle – a toujours gardé un bon souvenir de son enfance passée au milieu du désert, des nuits sous la tente bédouine et du ciel immense, qui se transforme en tapis magique dès que la nuit tombe.

Il n'avait que deux ans quand deux mystérieux hommes en blanc, sans doute des anges descendus du ciel, lui rendirent visite alors qu'il jouait avec son frère de lait. Les visiteurs portaient une bassine en or pleine de neige. Sans un mot, ils saisirent l'enfant. L'un d'eux plongea ses mains dans la poitrine de Mohammad – qu'Allah lui accorde la paix éternelle – et en sortit son cœur, qu'il lava avec de la neige. Puis ils remirent l'organe à sa place et refermèrent la poitrine de l'enfant. Ainsi purifié de toute souillure, le futur Prophète n'avait plus qu'à attendre son heure.

18

Plus la fin du jeûne approche, plus mon angoisse augmente. Je sais que dans quelques jours Aswad sera de retour. Quelle sera mon attitude ? Vais-je brandir sous son nez de menteur l'objet qu'il m'a dérobé ? Aïcha ne doit-elle pas savoir la vérité sur l'enfant qu'elle a accueilli généreusement dans notre paisible maison ? J'ignore encore ce que je vais faire. Depuis que j'ai retrouvé l'omoplate dans les affaires d'Aswad, mon esprit n'est pas en paix. Je tente en vain de comprendre pourquoi il a commis un tel acte.

Parfois, je crie son nom dans mon sommeil. Le matin, ma tunique est inondée de larmes. La nuit dernière, Aïcha m'a réveillée au milieu d'un cauchemar. Elle m'a dit que je criais : « Pourquoi m'as-tu fait cela ? » Elle pense que c'est la forte chaleur et les privations du ramadam qui me font divaguer. Ou peut-être se doute-t-elle de quelque chose et attend que je lui en parle. Depuis quelques jours, j'ai remarqué qu'Aïcha et Barira baissent la voix quand je m'approche d'elles. Comme si elles complotaient derrière mon dos.

Aswad est arrivé le dernier jour du ramadan, à l'heure de la rupture du jeûne. De la fenêtre de la chambre d'Aïcha, je l'ai vu descendre, couvert de poussière, de son chameau richement harnaché. Un autre chameau, guidé par un vieil esclave, est chargé de malles, de jarres et de sacs ventrus. Une dizaine d'enfants, quelques femmes et deux ou trois vieillards se sont attroupés autour du jeune voyageur. Ils admirent sa longue djellabah rouge et son turban jaune, qui souligne les traits de son visage hâlé. Aïcha sort de la cuisine pour l'accueillir :

– Bienvenue à toi, ô mon fils. Allah a-t-il été à tes côtés durant ton long périple depuis la Syrie ?

– Le voyage a été épuisant mais il s'est déroulé sans embûche, ma mère, répond Aswad en se baissant pour lui baiser la main. Je suis heureux de te retrouver.

– Comment vont ton cher père, ta chère mère et tes frères et sœurs ?

– Ils se portent à merveille et se sont réjouis de voir qu'il en était de même pour moi depuis que je vis à tes côtés. Mon père te remercie mille fois pour le savoir et la sagesse que tu partages avec moi, ô Mère des croyants !

« Hypocrite ! » ne puis-je m'empêcher de murmurer en entendant de ma cachette les paroles de miel d'Aswad. De l'intérieur de la cuisine, Barira nous appelle pour le repas du soir. Pétrifiée, je n'ose sortir de la chambre. Je ne sais si j'aurai la force de croiser le regard du garçon qui a trahi ma confiance. Vais-je pouvoir me contrôler et ne pas lui jeter au visage des mots de haine ? Vais-je fondre en larmes en le voyant ? Cela, je ne le veux pas. Pas devant ma mère et Barira.

Pendant qu'ils discutent, l'esclave syrien décharge les deux bêtes et dépose les précieuses marchandises aux pieds de la Mère des croyants :

– Pour te témoigner sa reconnaissance, mon père te prie d'accepter ces présents, tissus, parfums et épices de mon pays. Les jarres sont pleines d'huile et les sacs regorgent de farine…

– Béni soit ton père qui est si généreux. C'est un bon musulman. Il met en pratique les enseignements du Prophète, qui a dit que nul ne doit manger à sa faim quand son voisin n'est pas lui aussi rassasié. Il sait que donner à manger à celui qui a faim fait partie des devoirs de chaque croyant. Les provisions qu'il nous offre serviront à nourrir ceux qui n'ont rien.

Dissimulée derrière le rideau qui sépare la chambre de la cuisine, j'observe Aswad. Il cherche quelque chose du regard tandis que notre mère lui parle. Peut-être s'étonne-t-il de ne pas me voir. Sans doute imaginait-il que j'allais l'accueillir avec plus d'empressement. Je m'allonge sur mon lit et ferme les yeux. À travers le tissu de laine, j'entends les voix qui se mêlent, les petits rires d'Aïcha et le bruit des cuillers qui raclent le fond du plat. Même si je n'ai pas mangé de la journée, j'ai l'estomac trop noué pour pouvoir avaler la moindre bouchée. J'ai seulement bu le contenu d'un pot d'eau fraîche après ma prière. Soudain, dans le brouhaha de la fin du repas, j'entends la voix d'Aswad qui demande où je suis. Barira lui répond que je suis fatiguée en ce moment et que je me repose. Quelques minutes plus tard, Aswad pénètre dans la chambre :

– Omérah, Omérah, ô ma grande sœur ! Je t'ai rapporté un cadeau !

Dois-je faire semblant de dormir ? Ou dois-je me lever et lui répondre, comme si de rien n'était ?

– Je sais que tu ne dors pas !

– Es-tu médium pour deviner ce que font ou pensent ceux qui t'entourent ?

Ma question le fait éclater de rire. Assise sur mon lit, je contemple son visage plein de joie. Je décide de ne pas lui montrer la rancœur qui brûle à l'intérieur de moi. Je l'invite à s'asseoir sur une natte. Il me tend une cage d'osier recouverte d'un tissu troué :

– C'est pour toi, dit-il en posant l'objet devant moi. Soulève le voile !

Dans la cage, un oiseau au plumage multicolore cligne des yeux quand j'approche la lampe à huile.

– C'est un bébé perroquet, un oiseau qui parle, comme ceux qui nous attendent au Paradis, explique Aswad d'un ton enjoué.

– Un oiseau du Paradis ?

Aswad éclate de rire une nouvelle fois :

– Celui-ci vient d'au-delà des mers et des montagnes. Si tu t'en occupes bien et que tu lui parles tous les jours, il apprendra vite notre langue. Le voyageur qui l'a vendu à mon père l'a assuré. Il suffit de prononcer distinctement une phrase devant lui pour qu'il la répète…

Pendant que nous parlons, l'oiseau aux petites ailes soyeuses nous écoute attentivement. Il me regarde comme si j'étais sa mère. Même si j'ai d'abord songé à refuser le cadeau d'Aswad, je décide d'accepter l'oiseau du Paradis. Ce bébé perroquet qui vient de loin a besoin d'une nouvelle maman.

Aïcha a dit…

Quand sa mère est morte, Mohammad – qu'Allah lui accorde la paix éternelle – n'avait que sept ans. Il a d'abord été recueilli par son grand-père adoré, qu'il accompagnait partout. Lorsque le vieillard mourut à son tour, son fils, le marchand Abou Taleb, adopta son neveu orphelin. Il avait un peu plus de dix ans quand son tuteur accepta qu'il l'accompagne jusqu'en Syrie.

Un soir, la caravane dirigée par Abou Taleb fit escale aux portes de la cité de Bosra. Émerveillé, l'adolescent put admirer les temples, la basilique et les églises qui se dressaient sur l'immense lit de sable rouge. Le convoi s'était installé pour la nuit non loin d'un ermitage où vivait Bahira, un moine solitaire. De sa terrasse, il observait les voyageurs qui faisaient boire les bêtes, ramassaient du bois pour le feu et montaient la tente pour la nuit.

Parmi les hommes qui s'affairaient, un adolescent attira l'attention du moine. Alors que le ciel était clair, un nuage blanc flottait au-dessus de sa tête. Quand l'enfant se déplaçait, le nuage le sui-

vait. Quand il alla s'asseoir sous l'arbre, les branches ployèrent pour lui faire de l'ombre. Intrigué, Bahira s'approcha de la caravane et invita tout le monde à partager avec lui son repas du soir. À l'heure dite, Abou Taleb et ses hommes se rendirent chez l'ermite. Seul Mohammad – qu'Allah lui accorde la paix éternelle – resta au camp pour veiller sur les bêtes et les marchandises.

Le chrétien, qui avait demandé que tous les hommes, sans exception, viennent chez lui, remarqua l'absence du jeune homme. On appela donc le neveu d'Abou Taleb, auquel Bahira posa d'étranges questions. Chaque réponse du Prophète, aussi limpide que l'eau d'une source, confirmait les pressentiments de l'ermite. Enfin, il examina le dos de l'enfant. Il remarqua une marque bizarre entre ses deux omoplates : le sceau de la prophétie, dont il avait lu l'annonce dans les livres de sa religion. Il en était sûr désormais : après Abraham, Moïse et Jésus, l'en-

fant serait un jour le prophète d'une nouvelle religion qui bouleverserait l'Arabie, et peut-être même le monde entier.

Le lendemain, avant que la caravane ne reparte, Bahira prit Abou Taleb à part et lui dit :

– Ton neveu est promis à un grand avenir qui va changer le destin de ton peuple. Reconduis-le au plus vite à La Mekke et garde secret ce que je viens de te dire. Sinon, nombreux seront ceux qui voudront l'empêcher d'accomplir sa mission.

19

J'ai mal dormi la nuit dernière, me retournant constamment sur ma paillasse. Je n'ai pas cessé de penser à Aswad. Pour ne pas déranger Aïcha, dont j'entends la respiration régulière, je monte sur la terrasse pour attendre le matin. La lune est haute au-dessus des collines qui encerclent notre cité. Allongée sur le tapis, je ne quitte pas des yeux mon nouvel ami le perroquet. Je lui donne des petits morceaux de figue qu'il engloutit avec gourmandise. Je décide de l'appeler Majnoun, « le fou », car son plumage me rappelle les vêtements bariolés que portent les poètes illuminés qui traînent dans le rues de Madinat al Rassoul. Majnoun n'a pas encore dit un mot. Il semble se demander où il se trouve. Comme moi, il a l'air perdu. J'ai beau lui dire : « Je suis Majnoun, l'oiseau du Paradis » pour qu'il le répète ; il reste muet.

Dès l'aube, la cour se remplit d'une foule bruyante et animée. Les moutons tirés au bout d'une ficelle bêlent lugubrement, comme s'ils sentaient leur fin proche. Chassés de leur territoire, les pigeons observent la scène, perchés sur le toit de la mosquée. Comme chaque année, les chefs des tribus environnantes viennent prier ensemble pour fêter la fin du ramadan. Ils apportent avec eux des bêtes à sacrifier, des couffins débordant de fruits et de légumes destinés aux veuves de Mohammad – qu'Allah lui accorde la paix éternelle.

Tandis que je grignote une galette d'orge en discutant avec Barira, Aswad entre dans la cuisine, les traits tirés et le teint pâle. Au premier regard, je comprends qu'il est au courant. En rangeant son coffre, il s'est aperçu que l'omoplate n'y était plus. Il nous salue en bredouillant quelques mots inintelligibles et va s'asseoir au fond de la pièce, contre un sac de farine. Je n'ose croiser son regard. Je poursuis mon bavardage tout en nourrissant Majnoun de minuscules boulettes de pain trempées dans du lait. Bientôt, la cuisine est pleine des voix des jeunes filles venues aider à préparer la fête. Aswad s'est éclipsé sans dire un mot. Tout le monde s'extasie autour de la cage de mon protégé. Chacune y va de sa question ou de son commentaire : « Quel drôle d'oiseau ! C'est ton frère Aswad qui t'a offert un aussi beau présent ? Ses plumes ressemblent à un arc-en-ciel. Crois-tu, Omérah, qu'au Jardin d'Allah de tels oiseaux récitent continuellement les plus beaux versets du Coran ? Quand va-t-il enfin parler ? »

Seule Barira ne s'intéresse pas au cadeau que m'a fait Aswad. Elle rappelle à l'ordre sa petite armée d'aides-cuisinières, puis sort de la maison pour contrôler l'abattage des moutons. Chaque boucher implore le pardon d'Allah en tranchant la gorge de la bête dont les plaintes emplissent les places et les ruelles.

Je rejoins Aïcha. Quand je pénètre dans notre chambre, elle fait sa prière. Son corps mince et souple s'incline en direction de La Mekke, comme le veut la coutume. Je reste immobile dans l'ombre. Je l'entends psalmodier de sa voix claire :

« Allah Akbar ! Ô Seigneur Dieu, éloigne-moi de mes péchés, comme tu as éloigné l'Orient de l'Occident… Purifie-moi de mes fautes, comme on lave une robe de ses impuretés… Ô Seigneur Dieu, lave mes péchés avec de l'eau, de la glace et de la neige… Je me mets sous la protection de Dieu contre Satan le maudit… Au nom d'Allah, le Clément, le Miséricordieux… »

Quand elle a fini et se retourne, je remarque que son visage a une expression étrange. Elle est surprise par ma présence :

– Je ne t'ai pas entendue entrer, ma fille ! Viens près de moi.

– Que se passe-t-il, ô ma Mère ? Ton regard est ailleurs.

Elle m'attire contre elle :

– Ne t'inquiète pas, Omérah. Mes yeux regardent à l'intérieur de moi-même. Cette nuit, mon Époux est venu me visiter.

– Tu as vu l'Envoyé du Ciel en rêve ?

– C'était plus qu'un rêve. J'ai entendu distinctement sa voix grave. J'ai senti son souffle se poser sur mes lèvres. Cela fait dix ans qu'Allah l'a rappelé dans son Royaume céleste. Il ne m'a pas oubliée. J'ai reconnu sa voix : « Parle, petite rousse ! » La même phrase qu'il disait en riant quand il venait me voir chez mon père alors que je n'étais qu'une gamine turbulente. « Parle, petite rousse !… »

Des larmes inondent tout à coup ses yeux brillants de bonheur. Je m'écrie :

– C'est un signe du Ciel ! Le Messager de Dieu veut te remercier pour tout ce que tu fais pour préserver ses nobles paroles et les enseignements de l'islam. Tu dois être fière de cela, ô ma Mère !

– C'est plutôt moi qui le remercie tous les jours pour m'avoir servi de guide et de modèle pendant plus de dix ans. Que peut rêver de mieux une femme que d'être l'épouse la plus chérie d'un homme exceptionnel au cœur plein d'amour et de bonté !

Avant de quitter notre chambre pour aller rejoindre les invités, Aïcha me prie de garder pour moi ce qu'elle vient de me dire :

– Je ne veux pas rendre jalouses mon amie Hafsa et les autres veuves du Prophète. Tu sais que nos disputes étaient parfois terribles, au temps où nous vivions avec lui. Il montrait tant de préférence pour moi, ajoute-t-elle avec un brin de fierté dans le ton.

Je promets de garder le secret mais lui demande l'autorisation de noter ce qu'elle vient de me raconter pour en conserver la trace.

– Rien ne peut vraiment t'échapper de ce que je dis ou pense ! Je ne sais combien d'omoplates et de peaux de mouton tu as griffonnées depuis que tu es ma secrétaire ! Je suis certaine que quand je ne serai plus de ce monde pour témoigner, tes écrits remplaceront ma voix qui a toujours été au service d'Allah et de son Annonciateur.

Aïcha a dit…

Mon époux m'a raconté le voyage nocturne qu'il effectua jusqu'au Ciel.

« Ce soir-là, m'a-t-il dit, comme je le faisais parfois, j'étais allé dormir à la Kaaba, désertée par la foule des idolâtres. Je venais juste de trouver le sommeil quand je sentis quelqu'un me pousser du pied. J'ouvris les yeux et aperçus Djebraïl, qui me conduisit hors du sanctuaire. Là, une superbe jument ailée, blanche comme la lune, qui répondait au nom d'Al-Buraq, frappait le sol avec impatience. L'Archange m'invita à enfourcher cette merveilleuse monture qui battait déjà des ailes. Bientôt, je survolais le désert vers le nord. Au-dessous des nuages que je traversais à la vitesse du vent, je reconnus Yathrib endormie, survolai des caravanes assoupies sous les palmiers et finis par atteindre Jérusalem.

À l'intérieur du Temple m'attendaient les autres prophètes de la terre : Abraham, Moïse et Jésus. Ils m'accueillirent comme un frère et m'invitèrent à prier avec eux. Je n'ai jamais ressenti un bon-

heur aussi grand que celui de me retrouver auprès des autres apôtres de Dieu.

À la fin de la cérémonie, on me présenta deux coupes, l'une pleine de vin, l'autre pleine de lait. Sans hésiter, je bus la coupe de lait d'une traite, car je n'ai jamais aimé le vin, qui rend fou. Djebraïl, qui m'accompagnait toujours, sourit :

– Tu as fait le bon choix, ô Mohammad, tu as été guidé vers la voie céleste. Désormais, tu guides ton peuple vers cette voie où le vin vous est interdit, dit-il.

Ensuite le voyage se poursuivit vers les sept Cieux, que je traversai en un éclair. J'aperçus l'Enfer, qui contient plusieurs maisons : la maison de Cendres fouettée par des vents brûlants, la maison de la Dureté pleine de scorpions, la maison Lointaine où sont cachés tous les péchés des hommes et enfin la maison Étonnante qui est le royaume d'Iblis, le diable en personne. Je vis au loin un pont plus fin qu'un cheveu et plus af-

filé qu'une lame. "Il mène au Paradis", m'apprit l'Archange.

Au centre du Jardin d'Eden était planté l'arbre de la Félicité. Les houris, ces créatures de rêve au corps de nacre, se baignaient dans des fontaines parfumées. Les anges racontaient des histoires merveilleuses. Des chameaux de pierre précieuse transportaient les nouveaux élus vers Dieu.

Au terme de mon voyage extraordinaire, Dieu m'annonça que dorénavant mon peuple devait faire cinquante prières par jour. En redescendant, je croisai Moïse, qui me conseilla de retourner voir Dieu afin qu'il diminue le fardeau des prières à effectuer quotidiennement par les musulmans. Je m'exécutai, et obtins de Dieu le retrait de dix prières. "Mais c'est encore trop pour ton faible peuple", me dit Moïse quand je repassai devant lui. Je retournai donc plusieurs fois auprès de Dieu. Finalement, dans sa grande générosité, le Très Haut accepta le nombre de cinq prières par jour. C'est la raison pour laquelle le musulman qui accomplit avec ferveur ses cinq prières quotidiennes reçoit d'Allah le bénéfice de cinquante prières.

Le lendemain, quand j'annonçai que je m'étais rendu la nuit précédente à Jérusalem sur une jument ailée et que j'avais rencontré les autres prophètes de la terre, on se moqua de moi. Personne ne voulut croire que j'avais fait en une nuit un voyage qui prend un mois à la caravane la plus rapide. On me traita de menteur, et certains musulmans me tournèrent le dos. Seul ton père, Abou Bakr, mon plus fidèle ami, me soutint. Il répétait à qui voulait l'entendre que si je l'avais dit, c'était vrai. C'est à cette occasion que ton père, petite rousse, acquit le surnom d'El-Saddik, celui qui est garant de la vérité... »

C'est de cette manière que Mohammad – qu'Allah lui accorde la paix éternelle – m'a raconté son voyage nocturne, Omérah. Mon Époux m'a juré qu'il avait bien effectué ce voyage jusqu'au Paradis. Mais il m'a précisé que son corps était resté à La Mekke, tandis que Dieu transportait son esprit jusqu'à Jérusalem et à travers les sept Cieux.

« Mes yeux dormaient, alors que mon cœur était éveillé », m'a-t-il souvent répété.

20

Avant de sortir dans la cour Aïcha se drape dans son hidjab. Ainsi, elle, qui n'a pas encore trente ans, peut affronter en toute dignité le regard des hommes étrangers à sa maison. Une dizaine de chefs de tribu ont pris place sous la treille. Dans la cour écrasée de soleil, une foule d'enfants et d'hommes se presse pour assister à la cérémonie. Les femmes et les jeunes filles qui ne portent pas de voile, restent à une distance respectable. Les plus vieilles côtoient les vieillards sur les banquettes alignées contre le mur de la mosquée. Assise en tailleur sur son tapis de haute laine, Aïcha souhaite la bienvenue aux représentants des clans les plus nobles de la région. Elle les remercie pour leur générosité et leur fidélité aux enseignements sacrés de son Époux :

– Pour fêter la fin du jeûne, nous allons partager ensemble le mouton grillé et les galettes d'orge. N'oubliez jamais qu'un morceau partagé avec ceux qui n'ont rien est la promesse de retrouver, après la mort, le Prophète au Jardin d'Allah !

– Allah Akbar, Dieu est Grand ! s'exclame d'une seule voix l'assistance qui écoute pieusement les paroles d'Aïcha.

– Ô Aïcha la Véridique, le croyant qui n'a rien à partager a-t-il une chance d'atteindre le Paradis d'Allah ?

La jeune fille qui a posé la question est assise à l'écart. Elle est vêtue d'une tunique souillée de terre, le visage pâle et amaigri, illuminé par d'immenses yeux noisette.

– Qui es-tu, ô fille sensée ? demande la Mère des croyants. C'est la première fois que je te vois.

– Je m'appelle Houria. Je viens juste d'arriver à Madinat al Rassoul pour m'occuper de ma grand-mère mourante. Elle vit dans une cabane à l'entrée de la ville. Elle passe ses journées en prière. Mais cela suffit-il pour avoir sa place au Paradis ?

– Il suffit de se soumettre à Allah, le Clément et le Miséricordieux, et de respecter l'enseignement sacré de son Apôtre ! N'a-t-il pas dit que celui qui ne possède ni pain ni viande à donner au mendiant peut prononcer une douce parole ou accorder un sourire bienveillant à celui qui est seul ? Le jour où il quittera notre terre, sa parole généreuse vaudra, aux yeux d'Allah, jusqu'à sept cents fois sa valeur initiale. Tu vois, Houria, Dieu se préoccupe avant tout de ceux qui se préoccupent de Lui et de leur prochain. Qu'importe la nature du don, pourvu qu'il soit fait par un cœur sincère !

– Allah Akbar, Allah Akbar, Allah Akbar…

À la fin de la réunion, la cour est envahie par une odeur de viande grillée, de pain chaud et d'oranges juteuses, servis à la ronde par la petite armée de Barira. Les hommes se sont installés en cercle sous la treille. Aïcha, Hafsa et quelques autres veuves du Prophète sont assises près du puits avec un groupe d'anciennes au front tatoué de rosaces bleues. La voyant seule au milieu des convives, je m'installe avec Houria à l'ombre de la mosquée.

En quelques minutes, je sais presque tout d'elle. Elle aura bientôt quatorze ans, le même âge que moi. Ses parents vivent dans une oasis située à deux jours de marche de Madinat al Rassoul. Ils l'ont chargée de s'occuper de sa grand-mère malade jusqu'à ce qu'Allah la rappelle au Ciel. Tout en parlant, la jeune fille aux traits tirés ne cesse d'engloutir d'énormes morceaux de viande. Je me demande si c'est le mois de privation du ramadan qui lui donne un tel appétit. Mais visiblement Houria est très pauvre et ne doit pas manger tous les jours à sa faim.

– Toute la nourriture que je réussis à récupérer gratuitement au souk, je la donne à ma grand-mère qui n'a plus aucune force. Moi, je me contente des restes, quand il y en a, m'explique-t-elle.

Tout en la regardant manger une orange, une autre, puis une troisième, j'ose à peine toucher au morceau de viande que j'ai dans la main depuis un moment. Je songe que j'aurais pu être à la place d'Houria si Aïcha ne m'avait pas adoptée. Je repense à ma famille. Que sont devenus ma tante Zohra, mon oncle Mahmoud et mes cousins ? Je n'ai plus de nouvelles d'eux depuis qu'ils m'ont confiée à l'épouse du Prophète. Pourquoi ne sont-ils jamais venus me voir ? Peut-être me savent-ils heureuse et ne veulent-ils pas me déranger. Pourtant, j'aimerais tant les revoir ! Je voudrais qu'ils connaissent la jeune fille que je suis devenue. Je suis certaine qu'ils seraient fiers de moi.

La voix claire d'Houria interrompt le cours de ces pensées mélancoliques :

– Tu sais, Omérah l'Ansârite, que j'ai entendu parler de toi dans mon village ? Les voyageurs racontent que tu es une fille savante et que même les secrétaires du Commandeur des croyants sont jaloux de ton savoir. Il paraît que tu manies le calame avec la même habileté que les combattants d'Allah maniaient l'épée !

Je ris en pensant qu'il s'agit d'une bonne plaisanterie. Les caravaniers doivent vraiment s'ennuyer lors de leurs interminables périples à travers le désert pour colporter de telles sornettes !

– Je pense que ma grand-mère ne va pas me croire quand je vais lui dire que j'ai parlé à Aïcha la Véridique et à sa fidèle secrétaire…

– Je suis avant tout sa fille, ne puis-je m'empêcher de rectifier.

Avant qu'elle ne reparte, j'offre à Houria une robe verte et une paire de sandales que je ne porte plus. Je la conduis ensuite à la cuisine pour lui préparer un couffin de provisions. Je lui présente mon perroquet. Elle rit aux éclats quand je lui dis qu'il s'appelle Majnoun. Je suis heureuse de voir enfin dans ses yeux des éclairs de gaieté. Quand elle s'en va, je lui fais promettre de revenir nous voir bientôt.

21

Dans quelques jours, nous partons pour La Mekke ! Je suis très excitée à l'idée de découvrir la ville qui a vu naître l'islam et son Prophète. C'est la première fois que j'accompagne Aïcha pour le hadjdj, le grand pèlerinage. Chaque année, je la voyais partir avec les autres épouses du Prophète. Pour me consoler de rester seule avec Barira, je me disais que lorsque je serais une jeune fille je l'accompagnerais. C'est enfin arrivé. Je crois que je suis la plus heureuse des musulmanes.

Aswad est également du voyage. Majnoun aussi. Je suis sûre que l'air du désert lui fera du bien. En quelques semaines, mon ami au plumage d'ange a grandi. Il semble se plaire dans notre maison. Barira, qui a fini par l'adopter, lui chantonne des berceuses de son pays. Les enfants passent le voir presque tous les jours après la classe. Ils le nourrissent de raisins secs en répétant inlassablement son nom qui les fait beaucoup rire : « Majnoun, le fou ! Majnoun, le fou ! quand parleras-tu ? » Quant aux jeunes filles qui viennent aider Barira, elles s'extasient devant les couleurs de ses plumes. Et se demandent s'il existe dans le plus beau souk du monde des étoffes d'une teinte aussi éclatante.

J'ai le sentiment que notre mère a remarqué qu'il y a quelque chose qui cloche entre Aswad et moi. Sans doute est-ce la raison de ses discussions sans fin avec Barira. J'essaie de ne pas y penser.

Heureusement, la préparation du pèlerinage prend tout mon temps et accapare toute mon énergie.

Aïcha a chargé son neveu d'organiser la caravane. Sa réputation de marchand n'est plus à faire. Il est donc tout désigné pour trouver les meilleures bêtes, prévoir chaque étape et faire établir un petit campement pour sa tante à chaque halte, à proximité du caravansérail. Depuis la fin du ramadan, il nous rend visite presque quotidiennement pour régler les moindres détails du voyage avec Aïcha. Souvent, je me joins à eux. Aïcha me dicte des lettres destinées aux autorités politiques et religieuses de La Mekke, qui se disputent l'honneur de recevoir la Mère des croyants.

Un après-midi, passant devant la cuisine, je surprends Barira en train de chantonner joyeusement en rapiéçant un vieux fichu. Elle esquisse même quelques petits pas de danse autour de la cage de Majnoun. Je ne l'ai jamais vue dans cet état. Je me demande d'ailleurs si ce n'est pas mon fol ami qui a déteint sur elle.

Je comprends la raison de sa bonne humeur quand elle m'apprend d'une voix enjouée qu'Aïcha lui a demandé de nous accompagner :

– Omérah, tu ne peux pas savoir combien je suis heureuse à l'idée de revoir enfin la ville où j'ai entendu parler pour la première fois du Messager de Dieu ! Je n'y suis pas retournée depuis plus de vingt ans.

Je quitte Barira le cœur plein de joie. Je suis si contente qu'elle vienne en pèlerinage avec nous ! J'imagine quelle sera son émotion lorsque nous pénétrerons dans la ville où elle a été esclave. Moi-même, j'ai hâte de découvrir la cité sacrée dont Aïcha m'a si souvent parlé. Je me figure la foule se prosternant autour de la Kaaba, les fidèles se pressant pour toucher la Pierre Noire. Dix fois par jour, je questionne Aïcha sur le déroulement du voyage, les règles à respecter durant le pèlerinage, la tenue décente du pèlerin… C'est la première fois que je vais quitter Madinat al Rassoul depuis que je vis dans la maison de la Mère des croyants. Ce voyage est un grand événement dans ma vie, dont le rythme s'accélère depuis quelques mois.

Depuis la fin du ramadan, Aswad passe ses journées à la mosquée. Il est entouré d'un cercle d'admirateurs de plus en plus grand. Il y a là des vieillards faméliques, de riches négociants de passage ou des gamins des rues qui ânonnent les versets du Coran dans l'espoir de recueillir un dirham… Pendant des heures, ils écoutent pieusement ses envoûtantes récitations du Livre. Je me glisse sans faire de bruit derrière une colonne. De sa voix ferme et chantante, Aswad récite un passage du Coran que j'aime particulièrement :

« Dieu le Miséricordieux connaît toute chose.
N'a-t-il pas créé la terre et les cieux en six jours
Avant de s'installer sur son trône ?

Il connaît tout ce qui entre dans la terre et tout ce qui en sort,
Il est où que vous soyez, il sait tout ce que vous faites… »

Le groupe ponctue chaque pause par un sonore : « Ya Rabbi, ya Allah ! Ô Seigneur, ô Dieu ! » dont l'écho se répercute sur les hauts murs du sanctuaire. Les sages à la longue barbe grise ont entendu ces mêmes paroles de la bouche du Prophète. Des années après, leurs yeux s'emplissent encore de larmes de dévotion lorsqu'un enfant les prononce. Voilà l'un des miracles de l'inimitable et miséricordieuse Parole d'Allah : elle émeut jusqu'aux larmes les cœurs les plus endurcis. Je suis certaine qu'il en sera de même dans cent, mille ou deux mille ans. En écoutant Aswad réciter le Coran avec tant de ferveur, je me pose une question : Dieu m'expliquera-t-il un jour comment peuvent cohabiter dans le même corps l'âme d'un voleur d'omoplate et la voix sincère d'un serviteur d'Allah ?

Aïcha a dit…

Je crois que la prise de La Mekke a été l'un des plus beaux jours de la vie du Prophète. Quand il entra dans la ville, coiffé de son turban noir, escorté par six mille compagnons en armes, les plus hostiles idolâtres courbèrent l'échine pour saluer sa victoire. Souriant, il remercia le ciel d'avoir exaucé son vœu le plus cher : conquérir la ville dont il avait été chassé, sans qu'une goutte de sang vienne salir le sol sacré. Chacun faisait silence sur son passage. Juché sur sa fidèle chamelle à l'oreille coupée, le Prophète se dirigea vers la place de la Kaaba. Sans descendre de sa monture, il effectua sept fois le tour du sanctuaire, touchant à chacun de ses passages, avec une baguette de bois, la Pierre Noire. Il pénétra ensuite à l'intérieur de la bâtisse, qui abritait les trois cent soixante idoles des temps anciens. Il renversa une colombe de bois et ordonna à ses hommes de mettre à terre et de détruire sur-le-champ les autres idoles qui insultaient la Gloire de Dieu. Aussitôt, les soldats sortirent les lourdes statues sur la place. Ils les brisèrent et les piétinèrent en hurlant : « Allah Akbar ! »

Pendant ce temps, seul dans le sanctuaire vide, le Prophète s'est agenouillé pour prier. Il remercie Dieu pour cette suprême victoire sur l'idolâtrie et l'ignorance. Dorénavant, dans la Kaaba, on n'adorera qu'Allah. Quand il ressort sur la place, les musulmans et les habitants de La Mekke l'acclament. À l'heure de la prière de l'après-midi, Bilal, le premier muezzin, grimpe sur le toit de la Kaaba. Dominant la foule amassée sur la place, il appelle les fidèles de La Mekke à prier leur nouveau Dieu, Unique, Clément et Miséricordieux.

Dans les jours qui suivirent, la population vint annoncer au Prophète sa soumission à Allah. Chacun récita la chahada en promettant de ne plus adorer les idoles. À ses compagnons qui lui conseillaient de punir ceux qui l'avaient si longtemps persécuté et combattu, le Messager de Dieu répondit :

– Ils sont désormais des musulmans comme vous et moi. L'islam efface les fautes passées de ceux qui se soumettent à sa Loi.

22

Je quitte la mosquée sur la pointe des pieds. Devant la cuisine, Aïcha bavarde avec Houria qui porte la robe que je lui ai donnée. Ses cheveux sont soigneusement peignés.

– Ta grand-mère est une bonne musulmane, lui dit Aïcha en la serrant dans ses bras. Allah ne l'abandonnera pas. Voilà Omérah, je vous laisse !

Tandis qu'elle regagne sa chambre, nous allons nous installer sur la terrasse. Houria contemple les toits de la ville. À cet instant, la voix autoritaire du muezzin retentit au-dessus des maisons pour appeler les fidèles à la prière de midi. De la terrasse, nous apercevons son épaisse silhouette sur le toit de la mosquée, à quelques mètres de là. Je puise de l'eau dans le réservoir. Comme il se doit, nous nous lavons le visage, les mains et les pieds pour purifier notre corps. Allah réclame que ses enfants viennent à lui propres, le corps et l'âme dépouillés des souillures quotidiennes. Nous nous agenouillons côte à côte et prions ensemble. Notre devoir accompli, nous nous installons près de la cage de Majnoun. Il ne dit toujours pas un mot, mais paraît nous écouter.

J'approche mon visage des barreaux et répète distinctement :

– Je m'ap-pel-le-Maj-noun ! Je-m'ap-pel-le-Maj-noun !

– Tu crois qu'il comprend ? Peut-être est-il encore trop jeune pour pouvoir articuler ?

– Mais il faut bien que je l'entraîne. Sais-tu qu'Aïcha a accepté que je l'emporte avec nous à La Mekke ?

Houria ne dit rien. Un voile de tristesse tombe sur ses grands yeux noisette. Sans doute rêve-t-elle, elle aussi, d'effectuer un jour le hadjdj, comme le recommande notre religion. Elle fixe son regard sur la petite cage d'osier.

– Ma prison est à peine plus grande que celle de ton perroquet, finit-elle par murmurer, la voix nouée.

– Ne sois pas triste. Je suis certaine que toi aussi, tu iras un jour à La Mekke, lui dis-je en la serrant dans mes bras. Je te promets de tout te raconter à mon retour.

Dans la cour, on s'affaire. Demain, nous prenons la route avant l'aube, juste après la prière de la nuit. Les animaux de notre petite caravane se reposent à l'ombre des arbres. Abdoullah vérifie le chargement des vivres. Sous la treille, Barira et Fatma pétrissent le pain en chantonnant. Tandis que je prépare un baluchon de linge pour le voyage, Houria, qui a retrouvé sa bonne humeur, me pose mille questions. Elle veut tout savoir sur les merveilles qui m'attendent dans la ville natale du Prophète.

Je propose à mon amie de la raccompagner chez elle, à l'autre bout de la ville. J'ai envie de rencontrer sa grand-mère. En chemin, nous nous arrêterons chez le forgeron à qui j'ai commandé un solide cadenas pour mon coffre. Je vais donc demander à Aïcha l'autorisation de sortir. Elle discute avec son neveu :

– Tu peux y aller, Omérah. Salue bien la grand-mère de ton amie pour moi. Dis-lui que je lui rendrai visite à notre retour de pèlerinage avec ma sœur Asma. Elle lui confectionnera une potion apaisante.

Alors que je m'apprête à sortir après avoir salué Abdoullah, ma mère me tend une étoffe blanche :

– Je comptais t'offrir ton premier hidjab ce soir, pour que tu le portes à La Mekke. Mais tu peux l'étrenner dès aujourd'hui. Tu as presque quatorze ans. Tu es une femme. Les gens ne comprendraient pas qu'une fille élevée dans la maison du Prophète ne respecte pas les règles vestimentaires dictées par l'Envoyé d'Allah.

– Mais tout le monde me connaît ici ! Les gens m'ont vue grandir, ils ont l'habitude de me voir courir sans hidjab à travers les ruelles…

– Les hommes ne portent plus le même regard sur toi désormais. La pudeur impose que tu te voiles en présence d'un étranger. Tu circuleras dans notre ville avec d'autant plus de liberté

La voix d'Aïcha est douce, aussi soyeuse et caressante que le tissu léger que j'enfile docilement. Abdoullah, qui n'a pas prononcé un mot depuis le début de la conversation, tient à donner son avis :

– Ma tante a raison, Omérah. Tu n'es plus une fillette. À ton âge, beaucoup de jeunes filles ont déjà trouvé un…

Je ne lui laisse pas le temps de terminer sa phrase. Je sors en courant.

– Allons-y ! Je ne veux pas rentrer trop tard ! dis-je, agacée, à Houria, qui me dévisage comme si j'étais un fantôme.

J'étouffe sous mon voile. Je ne dis rien à mon amie. Alors que nous parcourons les ruelles qui mènent au souk, je sens le regard des passants s'arrêter sur moi. D'autres, au contraire, semblent ignorer ma présence. Comme si, en me glissant derrière un voile, j'étais devenue transparente. Je prends garde à ne pas m'empêtrer dans les plis du hidjab, de peur de m'étaler dans la poussière et le crottin d'âne. Quelle honte ça serait !

Tout près de l'atelier du forgeron, un conteur est assis sur une peau de mouton. Ses yeux sont outrancièrement maquillés de noir. Seul le côté gauche de son crâne est rasé. Ses mains crasseuses qui s'agitent ressemblent à deux serpents monstrueux se tortillant dans l'air. Je remarque qu'il lui manque une jambe. Autour de lui, hommes et femmes se pressent pour l'écouter. Je tire Houria par la manche :

– Restons un peu pour voir quel poème fabuleux ou quelle légende extraordinaire il va raconter.

Enfouie dans mon hidjab, je me sens soudain protégée parmi la foule. Personne ne me reconnaît. Houria, impressionnée par les éclairs qui traversent le regard du conteur fou, me serre la main pour se rassurer.

– Approchez, bonnes gens de Madinat al Rassoul ! Écoutez, valeureux voyageurs du Hedjaz ! Vous n'en croirez pas vos oreilles... Ce que je vais vous raconter est si merveilleux que même la lune a été étonnée quand le soleil le lui a soufflé à l'oreille...

La voix de l'homme est étrange. Elle ressemble au gazouillis d'un nouveau-né qui découvre la parole. Certains passants ricanent ; d'autres réclament le silence. De plus en plus inquiète, Houria veut partir. Je la retiens par la main.

– Je vais vous raconter ce qu'il se passa la nuit de la naissance de notre Prophète, commence le conteur halluciné. C'était en 570 de l'ère chrétienne, l'année de l'Éléphant. Cette année-là, Abraha, le roi du Yémen, tenta d'envahir La Mekke. Monté sur le plus robuste de ses éléphants, il lui ordonna d'écraser le sanctuaire sacré de la Kaaba. Mais arrivé devant l'édifice, l'animal refusa d'avancer. Il s'agenouilla comme si une force surnaturelle l'empêchait d'exécuter l'ordre sacrilège de son maître tout-puissant.

Fasciné par la voix caressante du conteur, chacun écoute bouche bée. Peu à peu, Houria se détend. Conquise elle aussi, elle tend maintenant l'oreille pour ne pas manquer une bribe de son récit. Les yeux virevoltant vers le ciel, le mendiant accompagne chacun de ses mots d'un geste brusque :

– Quelques mois plus tard est né un garçon au teint clair portant entre les omoplates la marque des prophètes. Sa mère l'appela Mohammad…

À l'évocation du prénom de l'Envoyé d'Allah, l'assistance est parcourue de murmures et de commentaires admiratifs : « Gloire à Celui qui a été l'Annonciateur de la parole d'Allah ! »

– Savez-vous, bonnes gens, que les plus grands miracles ont été observés par les savants de ce monde, au moment de la naissance du Prophète, poursuit l'infirme aux yeux fiévreux. Alors qu'elle poussait les cris de l'accouchée dont le corps se déchire pour laisser sortir l'enfant, la mère du Prophète a vu jaillir de son ventre une lumière blanche si forte qu'elle a illuminé le ciel jusqu'aux lointains palais de Syrie.

– Savais-tu cela, Omérah ? souffle Houria, émerveillée.

– Chut !

– La nuit où Mohammad est né, un fleuve qui était à sec depuis une centaine d'années s'est remis à couler. Au royaume de Perse, le feu sacré conservé depuis des siècles s'est éteint sous les yeux des mages qui en avaient la responsabilité. Un tremblement de terre a ébranlé les murs du palais du roi Chosroès… L'univers a été bouleversé la nuit de la naissance du Messager d'Allah… Allez sous sa protection, bonnes gens. Que Dieu vous garde…

Alors que des dizaines de dirhams pleuvent sur le poète à la voix magique, j'entraîne mon amie loin de la place où les gens s'attardent.

– Dépêchons-nous ! Ta grand-mère doit s'inquiéter. Veux-tu que je t'aide à porter le couffin ? On ira plus vite.

Je marche et les pans de mon hidjab flottent au vent. Je me sens de plus en plus à l'aise, dissimulée derrière mon voile vaporeux. Par moments, j'oublie même que je le porte. Aïcha a raison. Il me permet de circuler sans être reconnue, en toute liberté.

Pendant le trajet qui nous mène chez sa grand-mère, Houria ne cesse de répéter les histoires du conteur unijambiste. Comme s'il l'avait envoûtée :

– Tu as entendu, Omérah ? La terre a tremblé en Perse, une rivière à sec s'est remise à couler ! Quels signes magnifiques, tu ne crois pas ?

– Oui, ce conteur connaît de bien belles histoires. Dépêchons-nous, je dois rentrer.

Face à son enthousiasme naïf, je n'insiste pas. À quoi bon lui expliquer qu'une bonne partie des légendes colportées à travers toute l'Arabie est née de l'imagination fertile des poètes et des voyageurs ? Mohammad – qu'Allah lui accorde la paix éternelle – a toujours répété qu'il n'y avait rien de miraculeux dans sa naissance ou dans sa vie. L'unique miracle, c'est qu'il a été choisi pour devenir l'Annonciateur de Dieu. Un simple guide, et non un magicien qui fait trembler les montagnes et s'ouvrir la mer devant lui.

À mon retour à la maison, Aswad m'attend devant la cuisine. Le visage sombre, il m'annonce qu'il désire me parler :

– Omérah, ma grande sœur, je sais que tu m'en veux pour l'horrible tour que j'ai tenté de te jouer, commence-t-il.

Je n'ouvre pas la bouche. Je reste immobile à quelques mètres de lui, le visage impassible.

– Je sais que tu as retrouvé l'omoplate que j'avais cachée au fond de mon coffre.

Pendant qu'il parle, ses yeux se remplissent de larmes.

– Je regrette ce que j'ai fait. Je sais que c'est très mal. Me pardonneras-tu de t'avoir trahie ?

Serai-je un jour de nouveau ton ami ? C'est la jalousie qui a guidé mon geste, comprends-tu ?

À la vue d'Aswad en pleurs, réclamant mon pardon, j'ai envie de le prendre dans mes bras, de le serrer fort et de lui dire que tout est terminé, que j'ai déjà oublié cette regrettable histoire. Mais une force invisible blottie au fond de moi m'empêche de faire le moindre mouvement.

– Dès que je suis arrivé dans la maison d'Aïcha, j'ai remarqué combien elle t'aimait. Chaque jour, je l'entendais te faire mille compliments sur ton travail de secrétaire, ta piété, ta générosité avec les plus pauvres. À chaque occasion, elle vantait ton intelligence, ton dévouement à la cause de l'islam. Je me disais alors que tu étais sa préférée et que je ne valais pas grand-chose à ses yeux…

Aswad s'interrompt soudainement. Pendant quelques instants, il garde le silence et n'ose plus me regarder en face. Comme si ce qu'il allait dire le plongeait dans un gouffre de honte.

– Je croyais que pour Aïcha la Véridique, je n'étais qu'un enfant riche et capricieux, qui répète, comme un vulgaire perroquet, les centaines de versets du Coran appris par cœur. C'est pour montrer que tu n'étais pas infaillible, pour mettre notre mère en colère contre toi, que j'ai eu l'idée de dérober un de tes écrits. Je me demande comment j'ai pu faire cela. J'avais une telle rage que parfois je pense que c'est Iblis qui m'a dicté cet acte infâme.

Ce soir-là, j'ai pardonné à Aswad. Comme Mohammad – qu'Allah lui accorde la paix éternelle – a pardonné aux repentis de La Mekke qui ont d'abord combattu notre religion avant de rallier la bannière verte de l'islam. Le Prophète n'aimait-il pas répéter : « Allah pardonne à celui qui se repent » ?

23

Mon cœur est de nouveau en paix. Depuis que je me suis réconciliée avec Aswad, j'ai retrouvé ma bonne humeur. L'esprit tranquille, je quitte Madinat al Rassoul dans un état d'allégresse que je n'ai pas connu depuis longtemps.

Après plus d'une semaine de voyage sous la protection d'Allah, nous atteignons La Mekke à la tombée du jour. D'une colline, nous contemplons la ville blanche qui se teinte des couleurs chaudes du crépuscule. Au centre, se détachant des maisons qui l'entourent, la Kaaba dresse ses hauts murs bleutés. Vue d'ici, la ville natale du Prophète est encore plus grandiose que je l'imaginais. Nous restons quelques minutes silencieux, immobiles sur nos montures. Nos chameaux ne bougent pas d'un poil. C'est comme si ces créatures d'Allah comprenaient l'émotion qui nous étreint alors que nous atteignons le but de notre voyage. Même Majnoun, dont les sifflements agaçants ont accompagné notre longue route, semble avoir retrouvé la sérénité des oiseaux du Paradis. Est-ce un signe ?

– J'espérais ce moment depuis des années, mes enfants, dit enfin Aïcha à travers le rideau de sa litière. Je suis si heureuse d'accomplir le hadjdj avec vous, dix ans après le pèlerinage d'adieu du Prophète !

– Y as-tu participé, chère mère ? demande Aswad.

– Bien sûr ! Comme s'il avait senti que ce serait son dernier pèlerinage, mon Époux avait tenu à ce que toutes ses femmes soient à ses côtés. Plus de cent mille musulmans s'étaient donné rendez-vous dans la ville qui a vu naître notre religion. Vous ne pouvez pas imaginer la ferveur et la fièvre qui ont entouré l'ultime pèlerinage du Prophète !

Abdoullah commande aux trois chameliers de faire repartir les bêtes. La nuit est presque complète quand nous franchissons les portes de la ville sacrée. Assise dans ma litière qui se balance au rythme des pas du chameau qui me porte, je formule un vœu : « Ô Seigneur Grand et Miséricordieux, fais que la paix soit désormais éternelle dans mon cœur et celui d'Aswad, et que notre mère soit fière de nous. »

Qui sait si Allah entendra ma requête ?

Nous nous installons dans la belle demeure du noble Othman ben Mazoum. Âgé de soixante-dix ans, il a été l'un des premiers compagnons du Prophète. Sa maison, située à deux pas de la Kaaba, est entourée d'un immense jardin. Le vieillard connaît bien Aïcha, qui a accepté de passer quelques jours chez lui.

Le lendemain, je vais découvrir la ville avec Aswad et Barira. Abdoullah nous sert de guide. Même dans les rues de La Mekke, où nous croisons pourtant beaucoup d'étrangers, Barira ne porte pas de voile. Seuls ses cheveux sont enroulés dans un foulard à fleurs qui lui tombe sur les épaules. Je lui demande pourquoi elle a le droit de sortir dans cette tenue alors que j'étouffe sous mon hidjab. Ma question la fait rire :

– Tu es une jeune fille, promise à un beau mariage. De plus, tu fais partie de la maison d'Aïcha, qui te considère comme sa propre fille. Il est normal que tu respectes les règles créées jadis pour protéger les épouses du Messager de Dieu des regards étrangers. Aujourd'hui, chaque bonne musulmane doit se vêtir pudiquement quand elle quitte sa maison…

– Mais, toi aussi, tu es une bonne musulmane ! Tu vis dans la même maison qu'Omérah, fait remarquer Aswad.

Son intervention étonne la vieille femme :

– La différence entre Omérah et moi, cher petit-maître-qui-sait-tout, c'est que je suis une vieille servante au visage ridé. Mes seins pendent et je traîne la jambe. Je ne suis promise à aucune épousaille et il n'existe pas sur terre d'homme assez fou pour oser jeter un regard impudique sur mon humble personne. Qui aurait l'idée stupide de s'intéresser à une ancienne esclave noire qui ne sait ni lire ni écrire ? À moins, cher Aswad, que tu comptes me demander en mariage quand tu seras devenu un grand maître de l'islam ! Alors je viendrai vivre avec toi dans ton beau palais de Damas et je te promets de porter le hidjab comme une épouse respectable !

Abdoullah et moi éclatons de rire. Seul Aswad, qui rougit, ne semble pas apprécier la plaisanterie. Fâché, il décide de poursuivre la visite de son côté. Il nous abandonne aux abords de la place de la Kaaba, pleine de pèlerins.

Pendant le mois du pèlerinage, La Mekke ressemble à un gigantesque marché à ciel ouvert. La ville grouille de fidèles et de marchands venus des contrées les plus lointaines. Les ruelles et les places sont encombrées de carrioles tirées par de petits ânes qui piétinent dans la poussière. Les étals surchargés d'oranges, de délicieuses dattes, de courges géantes, de tomates, de concombres ressemblent à des montagnes multicolores. L'encens que les marchands font brûler pour attirer le client enfume l'air jusqu'à faire tourner la tête.

Barira veut toucher à tout. Elle plante un doigt dans la chair rouge d'une pastèque, questionne un gamin sur le prix des galettes d'orge enrobées de miel. Elle compare les produits mekkois avec ceux de notre oasis. Bousculée à chaque pas, je serre contre moi les pans de mon hidjab. Il arrive que le bras d'Abdoullah effleure mon épaule. Gêné, il détourne aussitôt la tête comme s'il venait de commettre un sacrilège. Superbe dans son bel habit vert, il fend la foule pour nous ouvrir le passage jusqu'à la maison du bon Othman ben Mazoum.

Aïcha a dit…

Malgré la fatigue et la maladie qui le rongeait, le Prophète effectua avec application les différentes étapes de ce qui devait être son dernier hadjdj. Il désirait que chaque musulman imprime dans sa mémoire les rites que les fidèles de notre religion effectueront jusqu'à la fin des temps. Le dernier jour du pèlerinage, il se rendit sur sa chamelle Qaswâ jusqu'au mont Arafat. Là, entouré d'une foule immense, il fit ses adieux aux pèlerins. Trop épuisé pour parler, il soufflait son discours à l'oreille du fidèle Bilal. Respectant le moindre mot, le muezzin à la peau sombre répétait d'une voix puissante et tremblante d'émotion les paroles de l'Envoyé d'Allah :

« Ô compagnons, écoutez-moi ! Je ne sais si l'on se retrouvera ici l'an prochain. Je vous demande de ne pas venger le sang qui a coulé aux temps anciens. Méfiez-vous des tentations de Satan. Vous avez des droits sur vos femmes et elles ont des droits sur vous. Elles doivent respecter l'honneur de votre maison. Si elles s'écartent du droit chemin, punissez-les avec indulgence. Mais si elles se repentent, accordez-leur votre pardon. Veillez surtout à bien les traiter.

Je vous laisse en héritage le Coran, le Livre de Dieu qui doit vous guider dans vos actions. Écoutez mes paroles : chaque musulman est un frère pour un autre musulman. Nous formons tous une immense fraternité. Ne causez donc pas de tort à votre frère. Ne prenez que ce qu'il vous accorde de son plein gré. Par Allah, voilà mon témoignage. Ai-je bien accompli ma mission ? »

Émus jusqu'aux larmes, les milliers de pèlerins, hurlèrent d'une seule voix :

– Oui, oui, ô Seigneur ! Allah est grand, et Mohammad est son Messager !

Le lendemain, Abdoullah et Aswad rejoignent le campement des hommes de Madinat al Rassoul. Accompagnées des femmes de la maison, nous effectuons les rites de purification qui précèdent l'accomplissement du hadjdj. Nous prenons un long bain ; ensuite nous nous épilons les aisselles et le bas-ventre, conformément à la tradition. Car, pour pouvoir entrer en état de pèlerinage, il convient que la moindre parcelle de notre peau, visible ou invisible, soit impeccablement propre. Pendant toute la durée du pèlerinage, il est également formellement interdit de se ronger les ongles et de se parfumer. Nous nous drapons ensuite dans notre hidjab.

Au milieu d'une mer de tissus blancs semblables aux nôtres, nous avançons lentement en direction de la Kaaba. C'est la première étape du cérémonial. Entouré d'un muret, le centre de la place est occupé par un immense cube de briques recouvert d'une étoffe bleu nuit, brodée de versets du Livre. Dans un des coins de l'édifice est scellée la Pierre Noire, que tout musulman rêve de toucher. Dès les premiers pas, je sens en moi une émotion soudaine et inconnue qui étreint mon cœur jusqu'au vertige. Parmi ces milliers de femmes et d'hommes, moi, Omérah binte Abdour Rahmâne, orpheline recueillie par la Mère des croyants, je prends pleinement conscience de la puissance de l'islam. Bousculée par la foule qui avance comme une coulée de lave que rien ne peut arrêter, j'observe attentivement les gens qui m'entourent. C'est la même foi qui anime le cœur de ce petit homme à la chevelure clairsemée et de cette vieille femme qui murmure des versets du Coran tout en s'agrippant au bras de sa fille. C'est la même force surnaturelle qui traverse Barira, qui garde les yeux baissés pour mieux se recueillir, et Aïcha, dont le regard s'égare au-delà de la foule. À leurs côtés, je sens que quelque chose change en moi à l'instant où je pénètre dans le périmètre sacré de la Kaaba.

De l'autre côté de la place, dans la file des hommes, Abdoullah et Aswad nous font de grands signes. Ils sont beaux, drapés dans le tissu blanc qui leur enserre la taille. Des géants à la peau mate font régner l'ordre pour éviter la bousculade. Chacun à son tour, nous touchons ou baisons la Pierre Noire, gardée par deux hommes qui repoussent la foule enfiévrée.

– Sais-tu, Omérah, que cette pierre est un souvenir du Paradis apporté par Adam ? m'apprend Aïcha. Abraham et son fils Ismaïl l'ont ensuite scellée dans la Kaaba, au temps où elle était encore un sanctuaire voué aux innombrables idoles que vénéraient nos aïeux.

Ensuite, nous nous mêlons de nouveau à la foule fervente qui fait sept tours autour du cube de briques. Comme l'a indiqué Mohammad – qu'Allah lui accorde la paix éternelle – nous effectuons les trois premières circumambulations d'un pas rapide et les quatre dernières d'un pas plus lent. Quand nous nous prosternons pour prier en plein soleil, ma tête se met à tourner. Les visages se brouillent, les voix se mêlent, formant une cacophonie déconcertante. Je retrouve peu à peu mes esprits. Déjà la foule compacte se remet en marche…

24

Sur le chemin du retour, nous faisons escale à Sarif, que nous atteignons après une journée de route. Abdoullah installe notre campement sous un bouquet de palmiers, à l'écart de l'oasis. Il est nerveux depuis notre départ de La Mekke. Il parle aux chameliers avec une brutalité que je ne lui connaissais pas. Il s'emporte contre Aswad qui le harcèle de questions en trottinant à côté de lui. J'ai l'impression qu'il m'évite.

Barira fait réchauffer le repas du soir. Dans ses

prières, Aïcha remercie Allah pour le bon déroulement du pèlerinage. Installée près de la cage de Majnoun, je prends des notes. J'écris que les prières que j'ai faites à la Kaaba n'ont eu aucun effet sur mon perroquet. Et s'il était muet ? Seuls ses yeux bleus expriment une immense tristesse que je remarque pour la première fois. Peut-être a-t-il le mal du pays, comme le soutient Aswad ?

– Je t'assure que dans le souk de Damas, j'ai entendu plusieurs oiseaux de son espèce parler comme toi et moi, prétend-il.

– Il est encore tout petit. Il ne sait tout simplement pas articuler, explique Barira, qui s'est jointe à la discussion. Laissez-le grandir, et vous verrez quel bavard il va devenir.

– Je sais, moi, pourquoi Majnoun refuse de parler, déclare soudain Abdoullah.

– Alors dis-le-nous, demande Aswad d'un ton agacé.

– Il ne parle pas parce qu'il est triste et il est triste parce que quelqu'un lui manque…

– Sa maman ! dis-je d'une voix énergique, certaine d'avoir trouvé la bonne réponse.

– Non, c'est sa bien-aimée qui lui manque. Il se sent seul alors que celle qu'il aime est si loin de lui. Voilà pourquoi il ne parle pas.

Aïcha nous rejoint pour le repas. Aswad se dévoue pour porter leur ration aux trois chameliers qui s'occupent de nos courageuses montures. Barira va laver la vaisselle au point d'eau.

Ma mère discute avec Abdoullah de la suite de notre itinéraire. À la lueur de la lampe à huile, leurs deux ombres flottent sur les parois de la tente. J'observe la silhouette élancée d'Abdoullah, ses larges épaules, son visage aux traits fins, encadré de longues boucles brunes. À vingt ans, il ne porte pas de barbe, comme c'est la mode chez les musulmans plus âgés. Tandis que je nourris

Majnoun de petits morceaux de courge, je sens qu'il pose sur moi ses grands yeux noirs :

– Omérah, j'aimerais beaucoup que tu sois témoin de ce que je vais dire à ma tante.

Surprise, je me retourne. Aïcha me lance un sourire rassurant. Mon perroquet cesse de remuer les ailes. Il ouvre grands les yeux, fixe Abdoullah comme s'il savait qu'il avait une grande nouvelle à nous annoncer.

– Ma chère tante, c'est à toi que je dois tout, toi qui m'as élevé quand ma mère est morte, toi qui as fait de moi un homme. Aujourd'hui…

Dès qu'il commence à parler, ma tête se met à bourdonner. Mon front est brûlant, et j'ai l'impression que mes oreilles vont exploser.

– Aujourd'hui, j'ai vingt ans. Mes affaires sont florissantes, grâce à Dieu, continue-t-il. Les caravanes que je commande sillonnent, au nom d'Allah, les routes du désert, de Sanaa à Bagdad, de Jérusalem à Ispahan, et jusqu'à la lointaine Antioche. Partout, mon nom est connu…

Je me demande si Aïcha et son neveu remarquent mon trouble. À chaque mot qu'il prononce, une pointe acérée enflamme mon âme sans que j'en connaisse vraiment la raison…

– Il ne manque qu'une chose pour que mon bonheur soit complet, poursuit Abdoullah. Le Prophète n'a-t-il pas dit : « Pauvre est le célibataire quand bien même il posséderait mille richesses » ?

– Tout à fait, répond calmement Aïcha.

– Chère tante, je t'ai déjà parlé de l'amour que j'éprouve pour ta fille Omérah. Aujourd'hui, je te demande sa main, en espérant qu'elle acceptera de devenir mon épouse.

En entendant mon prénom, je comprends tout. Tout me revient à l'esprit : le beau cadeau d'Abdoullah, les remarques et les questions de Barira, la conversation que j'ai surprise au bain. Je sentais bien qu'il se passait quelque chose, qu'on parlait de mon avenir à voix basse. Pourtant, je continuais à fermer les yeux et les oreilles. Jusqu'à ce soir, au milieu du désert, sous les étoiles dont le Prophète disait qu'elles sont le plus beau spectacle qu'un homme puisse admirer. Ce soir, c'est vers elles que je lève les yeux. M'aideront-elles à prendre ma décision ?

– Tu sais déjà, cher neveu, que j'approuve ton choix. Je suis certaine que ma fille sera une parfaite épouse pour toi. Mais c'est à elle de décider, dit ma mère en se tournant vers moi. Qu'en penses-tu, ma fille ?

Que répondre ? Je bafouille. Les mots sortent de mes lèvres sans que je les contrôle vraiment :

– Ma mère… euh… je suis honorée de la demande de ton neveu, qui a toujours été bon envers moi. Mais… tu sais que j'ai juré de ne jamais te quitter. J'ai promis de vouer ma vie à l'écriture.

Je… je veux, jusqu'à la fin, être ta secrétaire… Je te dois tout, et n'ai jamais songé à quitter ta maison.

– Mais qui te parle de quitter ma maison ? Tu continuerais à vivre à mes côtés pendant que ton époux voyagerait pour ses affaires. C'est vrai, nous avons tant de choses à faire toutes les deux. Mais il faut aussi songer à ton avenir de femme. Tu as bientôt quatorze ans, il est donc temps que tu fondes une famille. J'ai hâte d'être grand-mère !

– Si c'est Dieu qui le veut, alors j'accepte !

– Merci, Omérah ! Je suis le plus heureux des hommes et je te promets de faire de toi la plus heureuse des épouses, déclare Abdoullah d'une voix caressante.

En l'écoutant, je songe qu'une nouvelle Omérah vient de naître dans le désert.

– Inch'Allah ! se réjouit Aïcha en nous prenant chacun par la main.

– Inch'Allah ! Inch'Allah ! Inch'Allah ! répète une voix étrange, venue d'on ne sait où.

C'est Majnoun ! Il prononce ses premières paroles comme s'il donnait sa bénédiction à mon futur mariage avec Abdoullah.

Nous attendons d'être arrivés à la maison pour annoncer la bonne nouvelle à Barira et à Aswad. Dès qu'elle l'apprend, l'Abyssinienne m'embrasse tellement fort que je manque d'étouffer. Elle me dit qu'il ne pouvait rien arriver de mieux à une bonne musulmane comme moi. Aswad me présente les félicitations d'usage, mais je sens que le cœur n'y est pas. On dirait qu'il se sent trahi. Par moi, qui suis à la fois sa sœur et son unique amie dans cette ville. Par Abdoullah, qui lui a permis de venir vivre auprès d'Aïcha. Barira prétend qu'il est jaloux.

Aïcha a dit…

Je ne t'ai jamais raconté mon mariage, je crois, Omérah. J'avais dix ans à peine et jouais encore à la poupée avec mes amies quand le Prophète m'a prise pour épouse. C'était quelques mois après notre fuite de La Mekke. Quand la maison qu'avait fait construire pour moi mon Bien-Aimé fut terminée, on organisa les noces. Elles étaient tellement modestes que je n'ai pas compris tout de suite ce qui se passait. Je jouais à la balançoire avec une petite voisine quand on m'appela pour faire ma toilette. Ma mère était là avec d'autres femmes que je ne connaissais pas. Toutes me souriaient et me souhaitaient bonheur et prospérité en me donnant le bain.

Ensuite, on m'habilla d'une belle robe à rayures rouges. On m'accompagna dans ma nouvelle maison où m'attendait le Prophète. Pour toute cérémonie, on tendit un pot de lait à l'Envoyé d'Allah. Il en but une gorgée puis me passa le pot. Je le refusai d'abord. Comme il insistait gentiment, j'acceptai pour lui faire plaisir. Ensuite mes parents, ma sœur et les autres personnes présentes se partagèrent le reste du lait avant de nous laisser seuls. C'est ainsi que, sans faste ni musique joyeuse, j'étais devenue, sans vraiment m'en rendre compte, la troisième épouse de Mohammad – qu'Allah lui accorde la paix éternelle.

Pendant les premières semaines, je n'ai pas compris le changement d'attitude de mon entourage. Tout le monde me souriait. Tous les jours des femmes déposaient devant ma porte des pots de miel et des parfums précieux. Je continuais à jouer toute la journée avec mes amies. Quand mon Époux rentrait, les fillettes fuyaient, impressionnées par sa grande taille et son air noble. Parfois, il les rappelait en riant, et nous jouions tous ensemble à la dînette dans la cour. D'autres fois, nous chantions en chœur. Quand il ne voulait pas nous déranger dans nos jeux, il accrochait son manteau en travers de la pièce et se réfugiait de l'autre côté pour prier. Jamais homme n'a été aussi patient et attentionné que le Prophète avec une épouse qui n'était encore qu'une enfant pleine de vie.

25

Peu à peu, la vie reprend son cours. Depuis notre retour de pèlerinage, la maison ne désemplit pas. Tout le monde veut voir la Mère des croyants. On l'interroge sans fin sur le déroulement du hadjdj, la chaleur qu'il a fait pendant le voyage, les amis rencontrés en route. Les femmes restent des heures dans la cuisine avec Barira, qui leur parle des changements qu'elle a constatés dans la ville depuis qu'elle l'a quittée.

Majnoun est lui aussi très sollicité. Il a fait des progrès depuis les premiers mots qu'il a prononcés à Sarif. Maintenant, il sait dire : « Allah Akbar ! Je m'appelle Majnoun, Aïcha est la Mère des croyants, Omérah va se marier avec Abdoullah… » On ne peut plus l'arrêter. Houria pense que c'est un signe d'Allah que Majnoun se soit mis à parler au cours du pèlerinage. Je ne lui ai pas dit que c'était après la demande en mariage d'Abdoullah. Elle est très heureuse pour moi. Elle aussi va bientôt se marier. Elle est promise depuis l'âge de dix ans à Salim, un cordonnier de son oasis. Les noces auront lieu dès l'automne.

Depuis notre retour, elle vient me voir presque tous les jours, quand sa grand-mère se repose. Nous nous installons sur la terrasse. Aswad, qui doit penser qu'on se dit des secrets interdits aux garçons, ne cesse de venir nous espionner. Depuis que Majnoun parle, il s'intéresse de nouveau au perroquet qu'il m'a offert. Sans doute espère-t-il que l'animal lui répétera les histoires que Houria et moi nous racontons à proximité de sa cage.

Un matin, à la fin de la classe, comme à mon habitude je rejoins Barira dans la cuisine. Elle serre dans ses bras Houria qui pleure. Dans sa cage, Majnoun répète sans fin : « Elle est morte, elle est morte, elle est morte… »

– S'il te plaît, Barira, fais taire cet animal !

Quand elle me voit, mon amie cesse de renifler. Elle s'écarte de la vieille servante qui emporte la cage du perroquet à l'extérieur. Les yeux embués de larmes, ses longues boucles mouillées plaquées sur son visage, Houria-la-rieuse est méconnaissable. Je lui prends les mains et je les serre fort comme si je voulais marquer cet instant à tout jamais. Nous restons quelques minutes en silence, face à face :

– Elle ne s'est pas réveillée, finit-elle par articuler. Elle a fait sa prière, s'est endormie en récitant les quatre-vingt-dix-neuf noms de Dieu… Elle ne s'est plus réveillée…

– Elle a déjà rejoint le Jardin d'Allah à l'heure qu'il est. Console-toi, Houria, sa souffrance est maintenant terminée. Elle est entrée au royaume du coq géant aux ailes incrustées de pierres précieuses. Désormais, elle repose sur l'herbe soyeuse d'une verte prairie, au bord d'une source d'eau fraîche. Des anges lui racontent nuit et jour mille et une légendes. L'air lui sera doux à jamais. Ainsi l'a voulu Dieu.

– Elle ne s'est pas réveillée, répète-t-elle encore et encore en s'endormant contre ma poitrine tandis que je lui caresse les cheveux.

26

Aïcha a dit…

Quelques semaines après notre retour de ce qui devait être son ultime pèlerinage, le Prophète, de plus en plus faible, s'alita. La fièvre lui brûlait le front et son corps était traversé de douleurs atroces. Incapable de monter en chaire pour diriger la prière, il chargea mon père de le remplacer. Quand il n'arriva plus à se lever, il réunit toutes ses femmes pour leur demander l'autorisation de se retirer dans ma maison. C'est donc moi qui me suis occupée de lui jusqu'à la fin. Je couvrais d'argile fraîche son front brûlant et frictionnais ses tempes avec des huiles confectionnées par ma sœur Asma. Je lui parlais pour le tenir éveillé. Quand il dormait, je massais ses pieds glacés.

Un matin, comme par miracle, il se leva et se dirigea vers la mosquée. Il voulait à tout prix assister à la prière de l'aube. Quand ils l'aperçurent, les fidèles crurent le Prophète rétabli. Ils exprimèrent leur allégresse par de tonitruants : « Allah Akbar ! Allah Akbar ! » Mon père, qui dirigeait l'office, voulut céder sa place au Messager de Dieu. Mais celui-ci, trop faible, lui fit signe de poursuivre. Il l'interrompit un instant pour dire d'une voix grave et affaiblie : « J'autorise seulement ce que le Coran autorise, j'interdis ce que le Coran interdit. » Ce furent ses dernières paroles prononcées en public. Soutenu par deux assis-

tants, il se retira ensuite dans ma chambre. Il ne devait plus la quitter.

C'est là qu'il a rendu son dernier souffle. À l'heure du midi.

Sa tête reposait sur ma poitrine. Je lui pris la main. Alors qu'il avait perdu connaissance, je l'entendis murmurer à plusieurs reprises : « Ô Dieu, le Compagnon Suprême ! » Je compris alors que c'était la fin. Je sentis son visage peser plus lourdement sur mon épaule. Je restai quelques minutes silencieuse. Dans ma tête résonnaient, dans un brouillard de tristesse, les dernières paroles de mon Époux : « Ô Dieu, le Compagnon Suprême !... » Soudain, un cri rauque s'échappa de mes entrailles. Serrant son corps encore chaud, je déversai des flots de larmes sur son visage enfin apaisé. Entendant mes cris, les autres épouses se précipitèrent dans ma chambre, devenue le Tombeau de l'Apôtre d'Allah. Quand elles eurent compris que Mohammad – qu'Allah lui accorde la paix éternelle – était mort, elles s'agenouillèrent autour du corps sans vie en pleurant. Bientôt, ma chambre fut pleine de hurlements et de larmes amères.

Alerté, mon père entra dans la pièce pour faire cesser les plaintes sauvages des femmes. Il baisa le front parfumé de celui qui lui était plus cher que père et mère, couvrit son corps de l'étoffe de laine du Yémen qu'il aimait tant et récita les versets qui conviennent :

« Mohammad n'est qu'un Messager

D'autres prophètes ont péri avant lui... »

Peu à peu, le calme est revenu. Chacun s'est mis à prier en silence autour du corps chéri. Quand la ville entière a été au courant de la terrible nouvelle, la foule s'est agglutinée devant la mosquée en criant : « Allah Akbar ! Allah Akbar ! » Le courageux Omar, notre calife, fidèle compagnon du Messager de Dieu, refusait de croire à l'évidence. Le regard halluciné, il bran-

dissait son épée en menaçant de trancher la gorge à quiconque prétendrait que Mohammad – qu'Allah lui accorde la paix éternelle – était mort.

Paralysé par la douleur, il hurlait :

– Le Messager Suprême est immortel. Comme Moïse, il s'est seulement absenté et va revenir dans quarante jours. Ceux qui prétendent qu'il est mort seront châtiés !

Quand mon père, les yeux humides, est sorti de ma chambre, la foule s'est détournée d'Omar pour l'écouter :

– Ô peuple de la Ville du Messager ! Ô musulmans, ô mes frères, ô mes sœurs ! Que ceux qui ont aimé Mohammad sachent qu'il est mort ! Mais que ceux qui adorent Allah sachent qu'il est toujours en vie et qu'il est éternel !

– Allah Akbar ! Allah Akbar ! Allah Akbar ! s'est mis à scander le peuple des croyants.

Quelques jours plus tard, le Prophète a été inhumé à l'endroit même où il avait prononcé ses dernières paroles. On creusa sa tombe sous mon lit. On en tapissa le fond de la belle couverture de laine rouge dont il couvrait sa chamelle Qaswâ. Après la toilette funéraire, son corps, enveloppé dans trois linceuls, fut imbibé de parfums rares. Quand, trois jours après sa mort, le fossoyeur recouvrit à jamais la dépouille de mon Époux, je poussai un cri qui s'envola au-delà des murailles de la ville. Alors que je sanglotais sans fin, je repensais aux sages paroles de mon père : « Que ceux qui ont aimé Mohammad sachent qu'il est mort ! Mais que ceux qui adorent Allah sachent qu'il est toujours en vie, et qu'il est éternel ! »

Les jours qui ont suivi les funérailles, je restai seule dans ma chambre, allongée sur mon lit, posé sur la tombe de mon Saint Époux. Pendant des semaines, des effluves de parfum d'ambre et de musc s'échappèrent de la terre fraîchement remuée. La nuit, je m'endormais en imaginant qu'il régnait désormais, avec les autres apôtres de Dieu, au sommet du Paradis.

27

La nuit qui précède le jour de mes noces, j'ai du mal à m'endormir. Je me réfugie sur la terrasse, l'endroit de la maison où je suis le mieux. En paix sous les étoiles. Assise sous le citronnier, près de la cage de Majnoun, je scrute les ténèbres. Demain, Omérah binte Abdour Rahmâne, du clan des Ansârites, deviendra l'épouse d'Abdoullah ibn Zoubeir. Demain, j'irai vivre dans la grande maison blanche que mon bien-aimé a fait construire tout près de celle de sa tante. Au matin de ma nuit de noces, je me réveillerai pour la première fois auprès d'un homme. Le seul, l'unique homme qui pénétrera, avec la bénédiction d'Allah, dans mon jardin secret.

À plusieurs reprises, Barira me demande d'aller me coucher. « La journée va être longue, viens donc te reposer », me crie-t-elle de la cuisine, où elle s'affaire afin que tout soit prêt pour le banquet du lendemain. Majnoun reste également éveillé. Ses petits yeux brillants me regardent avec douceur tandis que je sombre dans une étrange rêverie. Il m'accompagne, en silence, dans ma solitude. Peut-être sait-il, lui aussi, qu'une nouvelle vie déroule son tapis sous mes pas à chaque minute qui passe. Mes mains couvertes de dessins au henné caressent à travers les barreaux de sa cage son plumage soyeux, qui prend des teintes irréelles à la lueur de la lune.

Aux premières heures du jour, l'appel à la prière qui résonne dans le ciel zébré de rubans roses me tire de mes songes mélancoliques. Je vais rejoindre Aïcha dans sa chambre. Nous prions côte à côte, à peine dérangées par le brouhaha qui règne dans la cour, envahie par les bêtes que l'on va sacrifier pour mes noces.

– Tu n'as aucune raison d'être inquiète, affirme Aïcha pour me rassurer. En devenant l'épouse de mon cher neveu, tu n'en demeures pas moins ma fille adorée. Ma maison est toujours la tienne.

– Je sais, ô ma mère. Mais je vais m'ennuyer, sans toi, Barira et Aswad, quand Abdoullah parcourra les déserts avec sa caravane.

– Tu sais que j'ai convenu avec ton mari que tu reviennes vivre avec nous quand il sera absent. Nous allons continuer à travailler ensemble. J'ai toujours besoin d'une secrétaire.

– Rien ne peut me faire plus plaisir, dis-je en l'embrassant.

Quand j'entre dans la cuisine, Houria est en grande conversation avec Barira et Aswad. Cela fait plus de trois mois que je ne l'ai pas vue, depuis qu'elle est repartie vivre auprès de sa famille, après la mort de sa grand-mère. Elle a tenu parole. Elle est revenue à Madinat al Rassoul pour assister à mon mariage. Dès qu'elle m'aperçoit, elle se lève d'un bond et m'embrasse. Elle est vêtue d'une ravissante robe noire, constellée de fleurs en fils d'argent. Elle porte également un hidjab orange, qu'elle a fait glisser sur ses épaules.

– Tout mon village s'est cotisé pour m'offrir ce beau tissu qui vient de Perse. Ils étaient si fiers que je sois invitée aux noces de la fille chérie de l'épouse préférée du Prophète ! m'explique-t-elle quand nous sommes enfin seules.

Houria est ma meilleure amie. Je tiens à ce qu'elle soit à mes côtés tout au long de la journée qui va faire de moi une femme. J'ai hâte de lui raconter tout ce qui s'est passé depuis son départ.

Elle seule peut vraiment comprendre l'angoisse et les doutes qui torturent mon âme depuis plusieurs jours.

Une autre surprise m'attend dans la cour : ma tante Zohra, mon oncle Mahmoud et mes trois cousins ont fait le voyage depuis notre village pour être avec moi en ce grand jour ! Sans me prévenir, Aïcha a dépêché un messager pour les inviter à mes noces. C'est le plus beau cadeau qu'elle pouvait me faire. Sept ans que je ne les ai pas vus ! Sept ans que je vis loin d'eux, sans nouvelle, depuis que ma tante m'a conduite dans la maison d'Aïcha. Ma tante a vieilli mais son visage rond a toujours la même expression tranquille qui me rassurait quand j'étais une toute petite fille. Mon oncle Mahmoud s'est voûté à force de se pencher au-dessus du feu pour battre le fer sur l'enclume. Mais son sourire est le même. Comme un soleil qui refuse de se coucher. Je reconnais à peine Fatima, Djaffar et Nasreddine. Eux aussi doivent se demander si je suis bien leur cousine Omérah. Celle qui, autrefois, aimait sauter dans les flaques boueuses et s'accrocher aux branches du grand figuier pour cueillir ses fruits violets.

Après les embrassades pleines de rires et de larmes, nous nous installons dans la cour. Barira, émue elle aussi, apporte de quoi nous restaurer. Aïcha se joint à nous. Pendant plus d'une heure, nous bavardons. Assise entre ma tante et mon oncle, face à mes cousins, je sens que mon bonheur est enfin complet. Allah sait ce qui est bon pour nous.

Je ne me souviens pas avec précision des mille et un préparatifs qui ont occupé le reste de la matinée. Entourée de ma tante Zohra, de Houria et d'Aïcha, je passe entre les mains de femmes aux visages pleins de sourires. L'une me donne le bain, l'autre sèche mes longs cheveux, qu'elle tresse après les avoir enduits d'essence de rose venue d'Ispahan. Une troisième maquille mes yeux en noir avec du khôl. Une autre me blanchit les dents en les frottant énergiquement avec de l'écorce de noyer. On m'habille ensuite avec la longue robe d'or qu'Abdoullah a fait venir de Jérusalem. Outre le collier d'onyx qu'il m'a offert pour me déclarer son amour, je porte de lourds bracelets d'argent, des boucles d'oreilles de perles multicolores et deux anneaux d'or qui enserrent mes chevilles. Comme le veut la tradition, un voile de soie couvre mes cheveux lourds de parfums que poignarde une épingle d'or. Quand elles m'aperçoivent, rayonnante de bijoux et belle d'onguents et de fards, les femmes poussent des cris de joie. Les jeunes filles font résonner leurs tambourins pour annoncer à tous les invités réunis dans la cour que la fête peut commencer.

À travers le voile qui masque mon visage, j'aperçois les silhouettes de dizaines d'hommes et de femmes, connus et inconnus. Mon époux est assis au centre de la tente verte, dressée devant la mosquée. Tout de blanc vêtu, il porte sur la tête un beau turban rouge brodé d'or. Aïcha me tient par la main et avance au rythme des tambours qui ne cessent de battre, comme un cœur qui s'emballe. Je ne sais si elle ressent les battements du mien et les tremblements de mes jambes qui me portent avec peine. Souriante, Houria marche également à mes côtés, repoussant gentiment les garnements qui veulent toucher les pans de ma robe.

Je m'assieds enfin à la gauche d'Abdoullah, qui me prend la main. La sienne est chaude et douce. Comme le plumage de mon perroquet chéri. Je ferme les yeux. En tremblant, il soulève mon voile et me présente une corbeille pleine de pain, de dattes et de figues séchées. Je partage avec Abdoullah une galette d'orge. Nous mangeons une ou deux dattes et une figue. Aïcha nous tend un gobelet de lait de chamelle, que nous buvons lentement sous le regard attendri des dizaines d'invités rassemblés autour de notre tente. Puis le calife Omar se lève pour prononcer les quelques phrases qui font d'Abdoullah et de moi des époux devant Dieu et devant la communauté des croyants.

Aïcha prend la parole à son tour. Elle nous souhaite au nom de tous de vivre un amour aussi beau que celui qu'elle a vécu avec Mohammad – qu'Allah lui accorde la paix éternelle. Elle rappelle ensuite une de ses déclarations inspirées : « Quand deux époux se tiennent par la main, leurs péchés s'échappent à travers leurs doigts. » Alors que je sens la main d'Abdoullah presser la mienne, je songe qu'il faudra que je note au plus vite la belle citation du Prophète que vient de prononcer Aïcha.

La fête s'achève avec le jour. Je n'oublierai jamais ce soir de bel été plein d'or et de palmiers incandescents. Les invités regagnent leur maison après avoir souhaité aux jeunes mariés de fonder une nombreuse famille. Pour la première fois, Aswad dirige la prière dans la mosquée qui résonne de sa voix claire. C'est mon époux qui le lui a demandé. En quelques heures, je me suis faite à l'idée que je vais terminer mes jours avec Abdoullah, dont le regard amoureux efface toutes mes inquiétudes. Ce soir, il va m'enlever sur un beau chameau blanc festonné de rubans bariolés pour m'emporter dans mon nouveau foyer. Quand la lune sera haute et claire comme une pièce d'argent, nos corps s'apprivoiseront dans le secret de notre chambre. Ainsi l'a voulu Allah qui aime ce qui est beau. Et le Paradis du Coran nous permettra la volupté.

Des mots pour mieux comprendre

Allah

Il est le Dieu, Unique et Miséricordieux, selon la tradition musulmane, qui lui attribue quatre-vingt-dix-neuf noms inventoriés dans le Coran : le Bon, le Juste, le Sage...

Coran

C'est le livre sacré de l'islam. Le mot Coran signifie « récitation ». Il est divisé en cent quatorze sourates (chapitres) de longueur différente (soit plus de 6 200 versets). Il renferme la parole de Dieu telle qu'elle a été transmise au Prophète Mohammad par l'intermédiaire de l'Ange Gabriel (Djebraïl) à travers les Révélations. Elles se sont échelonnées durant une vingtaine d'années à partir de 610 de l'ère chrétienne.

Djihad

Dans la tradition musulmane, ce mot signifie « effort sur soi-même » pour accéder à la perfection morale et religieuse. Ce terme désigne de façon générale la mobilisation spirituelle et morale pour propager l'islam.

Il a pu ou peut prendre la forme d'un combat armé (« guerre sainte ») .

Hadith

Les hadiths (« propos » ou « déclarations ») désignent les paroles édifiantes et nobles actes du Prophète de l'islam tels que son entourage et les témoins de son temps les ont rapportés. Regroupés en recueils, les hadiths représentent l'exemple de la perfection à laquelle aspire chaque musulman. Ils constituent une partie essentielle de l'héritage spirituel de Mohammad.

Hadjdj

Le Hadjdj, ou « grand pèlerinage », a lieu une fois par an à La Mecque. Il comporte une série de rituels (prières, visites aux lieux saints, sacrifice d'un animal...) à effectuer collectivement en six jours. Chaque musulman « en état de le faire » doit y participer au moins une fois dans sa vie. C'est un des cinq piliers de l'islam.

Les quatre autres obligations essentielles pour les musulmans sont : la **chahada** ou profession de foi (« Il n'y a pas d'autre Dieu qu'Allah et Mohammad est son Messager ») ; les **cinq prières** rituelles quotidiennes ; le **ramadan**, mois de jeûne annuel ; et la **zakat**, aumône légale que doit faire chaque musulman proportionnellement à sa richesse.

Hégire

Le mot vient de l'arabe *Hidjra* qui signifie séparation ou rupture. L'Hégire désigne l'expatriation de Mohammad et des premiers musulmans, qui quittèrent La Mecque durant l'été 622 de l'ère chrétienne pour s'installer à Yathrib. Cette ville a pris ensuite le nom de Madinat al Rassoul, la Ville du Messager (Médine). Acte fondateur de la religion musulmane, l'Hégire marque le début de l'ère et du calendrier musulmans. L'An Un de l'Hégire commence le 16 juillet 622, premier jour de l'année lunaire.

Hidjab

Ce mot signifie « voile » en arabe. C'est une pièce de tissu qui enveloppe la femme de la tête aux pieds. Elle est destinée, selon la tradition musulmane, à la protéger des regards indiscrets des hommes étrangers à sa famille. Le port du voile existait dans l'Arabie préislamique. Dans les villes, il servait à distinguer les dames de noble condition des femmes de condition inférieure et des esclaves. D'abord recommandé par le Prophète pour différencier ses épouses des autres femmes de la communauté, le port du hidjab s'est très vite généralisé à l'ensemble des croyantes, conformément aux recommandations du Coran : « Prophète, dis à tes épouses, à tes filles, aux femmes des croyants de revêtir leur voile. C'est le plus sûr moyen [...] d'échapper à toute offense. » (Sourate XXXIII, verset 59.)

Islam

Dans le Coran, on désigne par ce terme la religion monothéiste révélée à La Mecque au VIIe siècle de notre ère par l'intermédiaire du Prophète Mohammad. Islam signifie en arabe « soumission » à la volonté de Dieu. L'islam est, avec le christianisme et le judaïsme, l'une des trois religions du Livre. Aujourd'hui, l'islam compte un milliard de fidèles à travers le monde, ce qui signifie qu'un homme sur cinq est musulman.

Kaaba

En arabe, ce mot signifie « cube ». Il s'agit d'un imposant temple cubique situé au centre de La Mecque, la ville natale du Prophète Mohammad. La Kaaba marque la direction vers laquelle chaque musulman s'incline pendant la prière. Elle abrite la Pierre Noire, rapportée du Paradis par Adam et scellée dans le coin nord-ouest de l'édifice par Abraham et son fils Ismaël, selon la tradition.

Principales sources

Le Coran, essai de traduction par Jacques Berque, Albin Michel, 1997.

Dits du Prophète, choix, traduction de l'arabe et notes de Youssef Seddik, Sindbad/Actes Sud, 1997.

Mahomet, le glaive, l'amour, la foi, Philippe Aziz, Ramsay, 1997.

Mahomet, Roger Caratini, Criterion, 1996.

Mahomet, la parole d'Allah, Anne-Marie Delcambre, Découvertes Gallimard, 1987.

Mahomet, Anne-Marie Delcambre, Desclée de Brouwer, 1999.

Mahomet et la tradition islamique, Émile Dermenghem, Seuil, 1955.

Loin de Médine, Assia Djebar, Le Livre de Poche, 2001.

La vie d'Aïcha, épouse du Prophète, Ahmed Fazl, Iqra, 1998.

Mohammad, le prophète de l'islam, Pierre Geadah, L'Harmattan, 1997.

Dictionnaire encyclopédique de l'islam, Cyril Glassé, Bordas, 1991.

Le Prophète Mohammad, sa vie d'après les sources les plus anciennes, Martin Lings, Seuil, 1986.

Mon âme est une femme, la femme dans la pensée islamique, Annemarie Schimmel, Lattès, 1998.

La vie quotidienne à La Mecque de Mahomet à nos jours, Slimane Zeghidour, Hachette, 1989.

« *Épouse voilée* » in *Le Soleil du grand vent* (poèmes), Anne-Marie de Backer, Subervie, 1981.

Impression réalisée sur CAMERON par

BRODARD & TAUPIN

GROUPE CPI

La Flèche
en septembre 2001

Imprimé en France
Dépôt légal : octobre 2001
N° d'Éditeur : 6979 – N° d'impression : 9287